Britta Konradt
Ärztepfusch – und jetzt?

Britta Konradt

Ärztepfusch – und jetzt?

Behandlungsfehler vermeiden, aufdecken und
Recht bekommen

Bibliografische Information der Deutschen Nationalbibliothek

Die Deutsche Nationalbibliothek verzeichnet diese Publikation in der Deutschen National-
bibliografie; detaillierte bibliografische Daten sind im Internet über http://dnb.d-nb.de abrufbar.

ISBN 978-3-7093-0526-3

Es wird darauf verwiesen, dass alle Angaben in diesem Werk trotz sorgfältiger Bearbeitung
ohne Gewähr erfolgen und eine Haftung der Autorin oder des Verlages ausgeschlossen ist.

Umschlag: buero8
© LINDE VERLAG Ges.m.b.H., Wien 2013
1210 Wien, Scheydgasse 24, Tel.: 01/24 630

www.lindeverlag.de
www.lindeverlag.at

Satz: psb, Berlin
Druck: Hans Jentzsch u Co. Ges.m.b.H.
1210 Wien, Scheydgasse 31

Inhalt

Mehr Service auf stern.de

- Arzthaftungsrecht: Das bringt das Patientenrechtegesetz.
- Ärztepfusch: So können Sie Ihren Behandlungsverlauf überprüfen lassen.
- Behandlungsfehler: Wann muss der Arzt Schadenersatz und Schmerzensgeld zahlen?

Dies und mehr unter: www.stern.de/behandlungsfehler

Einleitung

Fast jeder kann eine Geschichte erzählen, wenn es um ärztliche Behandlungen geht. Eine von sich selbst, von der Großmutter, der Tante, dem Freund, der Arbeitskollegin. Es sind meist Erzählungen, die bewegen. Erzählungen, die zeigen, dass bei der medizinischen Behandlung nicht immer alles so läuft, wie man es sich vorstellt. Es sind spannende Erzählungen, manchmal ähneln sie einem Kriminalroman und fast regelhaft gibt es ein Opfer, einen geschädigten Patienten[1], der bestenfalls allein Zeit durch den „Ärztepfusch" verloren, häufig aber auch ein Stück Gesundheit eingebüßt hat und bei dem nichts mehr so ist, wie es vorher war.

Im Durchschnitt geht jeder Mensch in Deutschland etwa 18 Mal pro Jahr zum Arzt, 18,3 Millionen operative Eingriffe verzeichnete die AOK im Jahr 2011. Es gibt Millionen von Behandlungen täglich. Jeder Patient weiß, dass immer auch etwas schiefgehen kann, und dass er sein Krankheits- gegen das Behandlungsrisiko tauscht. Er lässt sich behandeln in der Hoffnung, dass ihm nichts passieren wird. Meistens passiert nichts. Aber wenn etwas schiefgeht, die Diagnose falsch gewesen ist, die Therapie statt Besserung eine Verschlechterung gebracht hat, ändert sich die Welt für den Betroffenen von heute auf morgen. Die Frage ist, ob Patientinnen und Patienten dies schicksalhaft hinzunehmen haben oder ob der Arzt für das negative Resultat zur Rechenschaft gezogen werden kann. Meist ist es allein ein Gefühl, das den Patienten vermuten lässt, vermeidbar fehlerhaft behandelt worden zu sein. Ein Gefühl, dass dafür der Arzt verantwortlich ist. Wissen tut es der Patient selten.

In Deutschland werden derzeit etwa 12 000 Behandlungen im Jahr von den Schlichtungs- und Gütestellen begutachtet, die gleiche Zahl in etwa wird von den Medizinischen Diensten überprüft. In einem Viertel bis einem Drittel der Fälle bestätigt sich das Gefühl des Patienten – ein Behandlungsfehler wird attestiert. Die Bundesärztekammer vermutet, dass es etwa doppelt so viele Fälle sind, bei denen das schlechte Gefühl des Patienten, fehlerhaft be-

---

[1] In diesem Buch wird aus Gründen der Lesefreundlichkeit meist nur die männliche Form genannt. Selbstverständlich sind damit jedoch stets Männer und Frauen gemeint.

handelt worden zu sein, existiert. Das Aktionsbündnis für Patientensicherheit geht von einer sechsstelligen Zahl aus und meint, dass 17.000 Patientinnen und Patienten pro Jahr durch einen Behandlungsfehler sterben. Die Dunkelziffer ist auf jeden Fall hoch. „Gegen seinen Arzt vorzugehen, das macht man nicht", hört man Patienten sagen. Und so werden auch die teilweise schauerlichen Ergebnisse einer ärztlichen Behandlung, die durch einen Behandlungsfehler verursacht sind, als schicksalhaft hingenommen.

Die Zeiten haben sich aber geändert. Ärztinnen und Ärzte werden nicht mehr im Rahmen ihrer Kunst honoriert, sondern ihre Handlungen sind an objektiven wissenschaftlichen Kriterien zu messen, die den Standard ihrer Tätigkeit bestimmen. Oftmals folgt der Arzt nicht mehr allein seiner Profession, dem Patienten zu helfen und sich um Heilung zu bemühen, sondern er folgt wirtschaftlichen Vorgaben, die sein Handeln prägen. Dass die Zahl der Operationen, für die es Bonus-Zahlungen gibt, wächst, zeigt das deutlich. Viele dieser Operationen wären nicht nötig. Man ist versucht festzustellen, dass nicht mehr das Geld der Medizin dient, sondern die Medizin dem Geld. Heute steht dem Arzt jedoch ein kritischer, mündiger, autonomer Patient gegenüber, der Behandlungen hinterfragt. Es ist heute ein partnerschaftliches Rollenbild, das die Arzt-Patienten-Beziehung prägt. Und das ist gut so.

Seit dem 1.2.2013 gibt es das Patientenrechtegesetz. Patientinnen und Patienten können nun in den Paragrafen 630 a bis h BGB nachlesen, was Ärzte ihnen im Rahmen einer Behandlung schulden. Neues regelt das Gesetz nicht. Nach wie vor muss der Patient in der Regel beweisen, dass der Arzt ihm gegenüber vermeidbar fehlerhaft gehandelt und er dadurch einen Schaden erlitten hat.

Dieses Buch zeigt, was Sie als Patientin oder Patient tun können, um Behandlungsfehler zu vermeiden, welche Rechte und Möglichkeiten Sie haben, wenn Sie sich fehlerhaft behandelt fühlen, und wie es Ihnen gelingen kann, den Arzt zur Verantwortung zu ziehen, welche Schäden Sie geltend machen können. Es soll Ihnen zeigen, was Sie tun müssen, damit aufgeklärt wird, ob Sie mit Ihrem Gefühl, dass da etwas richtig schiefgegangen ist, richtig liegen.

Kapitel 1

Verdacht auf fehlerhafte Behandlung – die ersten Schritte

Was tun, wenn Sie einen Behandlungsfehler vermuten? Im ersten Schritt gilt es, den Verlauf der Behandlung zu überprüfen. Oft hilft schon ein Gespräch mit dem Arzt, um zu klären, warum der Patient oder die Patientin nicht, wie erwartet, gesund geworden ist. Wenn die Lage komplizierter ist, können Gutachter anhand der Behandlungsunterlagen überprüfen, ob die Behandelnden einen Fehler gemacht haben.

Insgesamt zeigt der Trend, dass die Zahl der medizinischen Eingriffe und Therapiemaßnahmen zu- und die Geduld der Patienten abgenommen haben. Ärztliche Leistungen, gleich welcher Art, werden von den Betroffenen und deren Angehörigen oft kritisch hinterfragt. Dies geschieht nicht nur in Fällen, wo offenkundig die Gesundheit geschädigt wurde – zum Beispiel, weil der Arzt die Schere im Bauch vergessen hat –, sondern auch, wenn der erwartete Erfolg der Behandlung ausbleibt. Pressemeldungen und Fernsehsendungen, in denen über ärztliche Fehlleistungen und ihre Folgen berichtet wird, Berichte über „Ärztepfusch", tragen dazu bei, dass das ärztliche Handeln vermehrt begutachtet wird. Patientinnen und Patienten, die vermuten, fehlerhaft behandelt worden zu sein, sind in ihren höchsten Rechtsgütern, nämlich Leben und Gesundheit, betroffen. Gerade dies macht das Arzthaftungsrecht so besonders: Es emotionalisiert, weil es um Gerechtigkeit geht.

Die Zahl derer, die ihren Behandlungsverlauf überprüfen lassen, steigt kontinuierlich an. Die Gründe dafür sind mannigfaltig und vielschichtig. In der Medizin ist heute viel mehr möglich als früher. Krankheiten, an denen man noch vor wenigen Jahrzehnten gestorben wäre, können behandelt werden, Anästhesien sind mittlerweile bei Patienten möglich, bei denen früher das Narkoserisiko als zu hoch eingeschätzt worden ist. Da fällt es manchen schwer zu akzeptieren, dass eben doch nicht alles machbar ist. Hinzu kommt: Das derzeitige Gesundheitssystem eignet sich eigentlich nicht dazu, dass Patientinnen und Patienten als Individuen wahrgenommen werden, und es eignet sich auch nicht dazu, ein Vertrauensverhältnis, das jeder ärztlichen Behandlung zugrunde liegen sollte, entstehen zu lassen. Die Distanz zwischen Arzt und Patient hat sich vergrößert. Je weniger Vertrauen jedoch besteht, desto größer ist die Neigung des Patienten, bei einem Behandlungsergebnis, das nicht seinen Vorstellungen entspricht, die Behandlung juristisch aufarbeiten zu lassen. Auch das hat sicherlich dazu beigetragen, dass mehr Patientinnen und Patienten ihre Behandlung hinterfragen.

Dazu kommt: Je mehr Eingriffe durchgeführt werden, desto mehr Fehler werden gemacht.

„Kunstfehler" – „Behandlungsfehler" – „Ärztepfusch": Die Begriffe zeigen, wie sehr sich die Wahrnehmung und damit auch der Anspruch an eine medizinische Behandlung gewandelt hat. Einst sprach man von der Kunst des Arztes, die honoriert wurde. Ein Arzt bemühte sich mit seiner ärztlichen Kunst um Heilung. Tat der Arzt etwas Falsches, so wurde von einem „Kunstfehler" gesprochen, der einer rechtlichen Aufarbeitung fast entzogen war. Dieser Begriff wurde abgelöst durch den „Behandlungsfehler". Der Arzt schuldet dem Patienten eine Behandlung, die dem ärztlichen Standard entspricht. Der Standard wird dabei wissenschaftlich begründet und ist einer Überprüfung ausgesetzt. Heute wird gemeinhin vom „Ärztepfusch" gesprochen. Das Wort „Pfuschen" lässt an ein Handwerk denken. Der Arzt mutierte also von dem Künstler, der einer rechtlichen Schuldzuweisung entzogen war, zum Handwerker, von dem Gesundheit einzufordern ist.

Aus meiner Sicht bewirkt das Arzthaftungsrecht etwas Gutes. Es fördert und fordert die Kommunikation zwischen dem Arzt und dem Patienten und wirkt damit Schadensfällen entgegen. Wir gehen heute von einem partnerschaftlichen Arzt-Patienten-Verhältnis aus, in dem der Arzt dem Patienten seine Krankheit verständlich macht, ihm die Risiken und Alternative einer Behandlungsmaßnahme erklärt und in dem der Patient dann sein Selbstbestimmungsrecht wahrnehmen kann und in die Maßnahme einwilligt oder auch nicht. So entwickelt sich Vertrauen.

Zum anderen stellt das Arzthaftungsrecht ein effizientes Fehlermanagement dar, das hilft, dass Fehler sich nicht wiederholen. Warum soll der Patient einen Schaden, der durch einen vermeidbaren Behandlungsfehler entstanden ist, hinnehmen? Wenn jemand einen PKW schuldhaft anfährt und den Kotflügel einbeult, nimmt man das ja auch nicht hin, weil der andere nicht vorsätzlich, bewusst und gewollt gehandelt hat. Im Bereich des Verkehrsrechts sind Schadenregulierungen selbstverständlich. Zu dieser Selbstverständlichkeit müssen wir im Arzthaftungsrecht kommen. Ärzte sind Menschen und Menschen machen Fehler, für die sie einstehen müssen. Dafür sind sie versichert.

Von Behandlungsfehlern sind alle Gebiete der Medizin betroffen. Ein Schwerpunkt liegt dabei im Bereich der operativen Fächer wie zum Beispiel der Chirurgie, der Orthopädie oder der Gynäkologie, weil der Patient, die Patientin nach der Operation schnell merkt, dass die Behandlung nicht so verläuft, wie er oder sie sich das vorgestellt hat und wie es besprochen worden ist.

Fehler bei der Geburt eines Kindes führen im schlimmsten Fall zu einem schwer behinderten Kind, das lebenslang auf Hilfe angewiesen ist. Wegen der in die Millionen gehenden Kosten, die hier entstehen, ist die Überprüfung von Behandlungsfehlern bei Geburten ein weiterer Schwerpunkt im Arzthaftungsrecht.

Die rapide Zunahme altersbedingt pflegebedürftiger Patientinnen und Patienten eröffnet weitere Schadensbereiche, zum Beispiel im Feld allgemeiner Pflegefehler und besonders in der Vorbeugung eines Dekubitus, des Wundliegens. Fragen im Zusammenhang mit Patientenverfügungen, deren Berücksichtigung in der Rechtsprechung des Bundesgerichtshofs gestärkt wurde (BGH vom 17.03.2003, XII ZB 2/03; BGH vom 25.06.2010, 2. StR 454/09), gewinnen an Bedeutung. Auch die Zahl der Fälle im Zahnbereich nimmt stetig zu. Patientinnen und Patienten müssen in der Regel hohe Eigenleistungen für Zahnersatz aufbringen. Es ist nachvollziehbar, dass sie bei Problemen Ansprüche geltend machen.

Auch vermutete Fehler im Bereich der Krankenhausorganisation werden oftmals Gegenstand einer Prüfung. Der Krankenhausträger hat mit seiner Tätigkeit die Verpflichtung übernommen, für eine ordnungsgemäße Behandlung der Patientinnen und Patienten zu sorgen. Die Funktion der Klingelanlage aufrecht zu erhalten gehört genauso dazu, wie ausreichend qualifiziertes Personal zur Verfügung zu stellen.

Auch gehört eine sachgerechte Hygiene und eine auf diese ausgerichtete Organisationsstruktur im Krankenhaus zu den elementaren Dingen, die Patientinnen und Patienten erwarten können. Dennoch erleiden 600.000 bis 800.000 Menschen nach einem Krankenhausaufenthalt eine Infektion. Nebenwirkungen von Therapien treten gehäuft auf und oft ist der Einsatz von Medikamenten, die nicht offiziell zugelassen sind, dafür verantwortlich, der sogenannte Off-Label-Use.

Gut zu wissen

Das Arzthaftungsrecht ist überall dort betroffen, wo Menschen ärztlich behandelt werden und die Erwartung des Patienten an den Erfolg nicht eingetreten ist, der Patient also mit der Behandlung nicht zufrieden ist und einen Schaden davon getragen hat.

Schritt 1: Suchen Sie das Gespräch

Über allem steht die Frage, was Sie als Patientin oder Patient tun können, wenn Sie sich fehlerhaft behandelt fühlen. Zunächst: Sprechen Sie mit Ihrem Behandler und Ihrem Hausarzt. Oft ist es so, dass nur dort, wo Fragen gestellt werden, auch entsprechende Antworten gegeben werden. Nehmen Sie einen Schaden als Behandlungsrisiko nicht grundsätzlich schicksalhaft hin, wie das viele Patienten tun. Geben Sie nicht schon auf, bevor Sie überhaupt angefangen haben, weil Sie glauben, dass Sie als Laie keine Chance gegen die „Halbgötter in Weiß" haben. Die haben Sie.

Lassen Sie sich erklären, warum bei Ihnen eine falsche Diagnose gestellt worden ist, warum die Therapie nicht angeschlagen hat, warum eine weitere Operation durchgeführt wurde, kurz: Warum die Dinge anders liefen, als sie sollten. Häufig gibt es plausible Erklärungen dafür, die Sie selbst gut nachvollziehen können. Fordern Sie das Gespräch ein. Fragen Sie, warum es zu einer Bauchfellentzündung nach Ihrer Blinddarmoperation kam und Sie auf der Intensivstation liegen mussten. Ihr Arzt muss es Ihnen erklären, er ist der Fachmann. Krankheit und Heilung folgen keinen klaren Regeln, oft sind Krankheitsverläufe nicht absehbar. Ein Heilungserfolg kann nicht garantiert werden und zuweilen kann sich Ihr Zustand auch verschlechtern, obwohl Ihr Arzt alles richtig macht. Unwägbarkeiten der Krankheit selbst bestehen, denn schließlich ist jeder Organismus einzigartig und reagiert anders.

Das bedeutet, dass es unzulässig ist, aus der Tatsache, dass die Behandlung nicht so verlaufen ist, wie es ursprünglich beabsichtigt und gewünscht war, auf einen Behandlungsfehler zu schließen. Vielmehr ist immer zu fragen, ob ein fehlerhaftes Verhalten des Arztes dafür verantwortlich ist oder eine nicht immer zu beherrschende Komplikation. Sie tauschen Ihr Krankheits- gegen das Behandlungsrisiko ein und jede Behandlung hat Risiken. Blutungen, Infektionen, Nervverletzungen können auch bei größter Sorgfalt auftreten, aber auch durch einen Behandlungsfehler bedingt sein. Manch neue Hüft- und Knieprothese bereitet hinterher Probleme, und nicht immer ist ein Behandlungsfehler ursächlich, wenn die Heilung ausbleibt. Oft sind es die Muskeln, die die Probleme bereiten. Häufig sind Probleme aber auch durch eine falsch ausgewählte oder falsch eingesetzte Prothetik verursacht. Der Arzt wird in einem ruhigen Gespräch, in dem Sie um Aufklärung bitten, möglicherweise sogar einen Fehler zugeben und Sie werden eventuell merken, dass ihn Ihr Behandlungsverlauf ebenfalls belastet.

Ist es zu Komplikationen gekommen, sagen viele Patienten, dass sie der Behandlung niemals zugestimmt hätten, wenn sie gewusst hätten, welche Probleme da auf sie zukommen – vor allem, wenn der Zustand nach der Behandlung noch schlechter ist als davor. Aber im Arzthaftungsrecht wird bei der Beurteilung immer auf den Zeitpunkt vor der Maßnahme abgestellt und nicht auf den Zeitpunkt danach. Es geht nicht um die Frage, ob der Schaden hätte vermieden werden können, denn das wird meistens möglich sein, sondern es geht um die Frage, ob der Schaden durch einen Fehler bedingt worden ist.

Bedenken Sie auch, dass der Arzt, ebenso wie Sie selbst, grundsätzlich davon ausgeht, dass alles gut gehen wird. Er wäre sicherlich sonst kaum noch in der Lage, seine Tätigkeit auszuüben. Wenn Sie sich in Ihren PKW setzen und ständig hoffen, dass Sie keinen Unfall verursachen, so steigt die Wahrscheinlichkeit, dass Ihnen etwas passiert. Und doch besteht auch hier die Möglichkeit, dass etwas Schlimmes geschieht, ohne dass Sie etwas dafür können, zum Beispiel, weil Ihnen ein Kind vor das fahrende Auto springt und Sie überhaupt keine Möglichkeit mehr haben, zu reagieren. Aber wenn Sie jemandem die Vorfahrt nehmen oder bei Rot über die Ampel fahren, so sind Sie für den Schaden Dritter verantwortlich. Und dieser ist vorhersehbar. Wenn der Arzt sich entgegen dem ärztlichen Standard verhält, so muss er für den Schaden aufkommen. Kommt es dagegen zu einer Komplikation, obwohl der Arzt alles richtig gemacht hat, kann man ihn für die Folgen auch nicht verantwortlich machen.

Leider ist die Abgrenzung zwischen einem vermeidbaren Behandlungsfehler und dem Auftreten einer schicksalhaft hinzunehmenden Komplikation nicht einfach. Das Gespräch mit dem Arzt kann Ihnen helfen zu verstehen, was passiert ist. Dabei kann Ihnen Ihr Hausarzt behilflich sein, der Sie auf die Möglichkeit eines Behandlungsfehlers hinweist.

Schritt 2: Die Überprüfung des Behandlungs-verlaufs

Wenn das Gespräch mit Ihren behandelnden Ärzten nicht zu einem für Sie befriedigenden Ergebnis geführt hat, so sollte der Behandlungsverlauf in jedem Fall überprüft werden, es sei denn, die Sachlage ist eindeutig. Die vergessene Schere, die Klemme, das Bauchtuch gehören nicht in Ihren Bauch; dafür braucht es keine Überprüfung. Und der Arzt, der diese Dinge dort liegen lässt, haftet für die Unannehmlichkeiten, die Sie dadurch haben. Meistens sind die Tatbestände jedoch kompliziert. Und für eine Überprüfung stehen verschiedene Möglichkeiten zur Verfügung.

Nützlich: das Gedächtnisprotokoll

Vor einer Überprüfung sollten Sie in jedem Fall ein Gedächtnisprotokoll schreiben. Wichtig festzuhalten sind die drei W-Fragen: wann, wo und wer. Notieren Sie akribisch den Behandlungsverlauf. Schreiben Sie auf, wie sich der Sachverhalt aus Ihrer Sicht darstellt. Sie sind am nächsten am Geschehen dran, und manche Informationen, die Sie haben, finden sich nicht in den Unterlagen. Auch zur Bewertung der Behandlungsunterlagen ist das Gedächtnisprotokoll wichtig. Niemand kann so verlässliche Informationen geben, wie Sie selbst. Ihnen muss klar sein, dass Sie eine Informationsquelle sind, auf die während der gesamten Prüfungszeit immer wieder zurückgegriffen werden kann und muss.

Neben einer genauen chronologischen Darstellung des Behandlungsverlaufs sollte das Protokoll auch alle sonstigen Beobachtungen, Auffälligkeiten und Äußerungen beinhalten. Nennen Sie Zeugen. Wenn im Krankenhaus auf Ihr Klingeln niemand reagiert hat, fragen Sie andere, die dabei gewesen sind und bestätigen können, dass niemand kam, um Sie zu versorgen. Dies kann der Zimmernachbar, aber ein auch Familienmitglied oder eine Freundin sein. Machen Sie Fotos. Bei Verbrennungen ist das besonders wichtig.

Notieren Sie die Arztbesuche und die Besuche beim Physiotherapeuten, den Ort, den Zeitpunkt und die beteiligten Personen. Heben Sie Quittungen von Taxifahrten oder Friseurbesuchen auf, die durch Ihren schlechten Zustand notwendig wurden. Häufiger als vermutet kommt es vor, dass medizinisches Hilfspersonal, aber auch jüngere und nachbehandelnde Ärzte im persönlichen Gespräch mit dem Patienten Hinweise auf Behandlungsfehler geben. Schreiben Sie das auf. Im Gedächtnisprotokoll sollten alle noch erinnerten Namen nicht nur von Zeugen, sondern auch von allen in die Behandlung einbezogenen Ärzten, Schwestern und Pflegern aufgenommen werden.

Sichern Sie sich Ihre Behandlungsunterlagen

Ohne die vollständige Behandlungsdokumentation lässt sich der Behandlungsverlauf nicht überprüfen. Dass Patientinnen und Patienten ein Recht auf Einsicht in die vollständigen sie betreffenden Behandlungsunterlagen zusteht, ist ausdiskutiert und nun durch § 630g Absatz 1 BGB normiert. Es ergibt sich darüber hinaus aus dem Selbstbestimmungsrecht, das in Artikel 2 des Grundgesetzes formuliert ist.

Der Patient kann die Behandlungsunterlagen selbst anfordern, alternativ macht dies die Krankenkasse, die Güte- beziehungsweise Schlichtungsstelle oder der Rechtsanwalt für ihn. Dafür entbindet der Patient den Arzt von seiner gesetzlichen Schweigepflicht. Der Patient hat einen Anspruch darauf, die Behandlungsunterlagen entweder im Original in den Räumen des Krankenhauses oder der Arztpraxis (§ 630g, Absatz 1 BGB) einzusehen oder in Kopie gegen Erstattung der Kopierkosten (§ 630g Absatz 2 BGB) überlassen zu bekommen. Kopien anzufordern ist vorzuziehen, da man nur diese mitnehmen und mit anderen besprechen kann. Ein Anspruch auf zeitweise Überlassung der Originalunterlagen besteht nicht.

Eine Ausnahme stellen Röntgenbilder dar. Da diese nicht ohne Qualitätsverlust zu kopieren sind, sind Kopien für einen (Privat-)Gutachter weniger aufschlussreich als die Originale. Die Gerichte bejahen daher für diese Bilder einen Anspruch auf leihweise Herausgabe der Originale (LG Kiel, Urteil vom 30.03.2007, GesR 07, 318).

Wird die Einsicht in Unterlagen über die Behandlung von Kindern gefordert, gelten die allgemeinen Regeln der gesetzlichen Vertretung: Die Behandelnden sind von den vertretungsberechtigten Eltern von der Schweigepflicht zu entbinden.

Einen Sonderfall stellt die Einsicht in die Akten dar, wenn der Patient bereits gestorben ist. Gemäß § 630g Absatz 3 BGB stehen die Rechte aus Absatz 1 und 2 zur Wahrnehmung der vermögensrechtlichen Interessen den Erben zu. Gleiches gilt für die nächsten Angehörigen des Patienten, soweit sie immaterielle Interessen wie Schmerzensgeld geltend machen, es sei denn, dass der mutmaßliche oder ausdrückliche Wunsch des verstorbenen Patienten dem entgegensteht. In der Praxis gehen die Gerichte davon aus, dass grundsätzlich eine mutmaßliche Einwilligung des verstorbenen Patienten anzunehmen sei. Es könne davon ausgegangen werden, dass dieser keine Einwände dagegen gehabt hätte, wenn seine Erben oder seine Angehörigen Einsicht in die Krankenunterlagen nehmen, um überprüfen zu lassen, ob ein Behandlungsfehler vorliegt oder nicht. Wollen die behandelnden Ärzte keine Einsicht in die Unterlagen gewähren, müssen sie genau erklären und auch beweisen, warum die ärztliche Schweigepflicht der Einsicht in die Krankenunterlagen entgegensteht. Nur ausnahmsweise kann dies der Fall sein.

Muster für die Anforderung von Behandlungsunterlagen

Sehr geehrte Damen und Herren,
hiermit fordere ich, Martha Müller, wohnhaft Mühlenweg 13 in 12587 Berlin geboren am 26.3.1971, meine Behandlungsdokumentation in Kopie an.

Ich entbinde Sie hiermit ausdrücklich von Ihrer gesetzlichen Schweigepflicht.

Ich befand mich in der Zeit vom 2.5. bis zum 9.10.2010, bei Ihnen in Behandlung.

Bitte seien Sie so freundlich und kopieren mir Ihre Behandlungsunterlagen. Die Übernahme der üblichen Kopierkosten sichere ich Ihnen in der Höhe von 50 Cent für die ersten 50 und in Höhe von 15 Cent für jede weitere Kopie zu. Gleichzeitig bitte ich um Übersendung der bildgebenden Dokumente im Original und versichere die Rückgabe. Diese werden für eine Begutachtung benötigt.

Darüber hinaus bitte ich, die Vollständigkeit der kopierten Unterlagen zu bestätigen.

Als Termin für die Erfüllung meines gesetzlichen, auch gerichtlich durchsetzbaren Auskunftsanspruchs habe ich mir den xy notiert.

Mit freundlichem Gruß

Die Dokumentationspflicht des Arztes

Der oder die Behandelnde ist verpflichtet, eine Krankenakte in Papierform oder elektronisch anzulegen. Spätere Änderungen und Berichtigungen müssen als solche erkennbar sind. Folgendes muss richtig und vollständig festgehalten werden:

- → Krankengeschichte (Anamnese)
- → Diagnosen
- → Therapien und deren wesentliche Ergebnisse
- → Medikation (Anordnung und Anwendung)
- → Wichtige sonstige Feststellungen
- → Einwilligungen und Aufklärungen
- → Arztbriefe

Es ist wichtig, die gesamten Behandlungsunterlagen zu haben. Die Aufzeichnungen der Pflegekräfte, die Patientenkurven, die Aufklärungsformulare, sämtliche ärztliche Anordnungen und Befunde gehören dazu. Allein die Operationsberichte und die Arztbriefe vorliegen zu haben, reicht nicht aus. Oft ergeben sich gerade aus den Aufzeichnungen der Pflegekräfte ganz entscheidende Hinweise. Zuweilen haben Pflegekräfte bestimmte Besonderheiten und Beschwerden aufgeschrieben, die sich nirgends woanders finden, und ein ärztliches Handeln zwingend vorgeschrieben hätten.

Nicht dokumentationspflichtig sind hingegen Routinemaßnahmen, gleich ob Untersuchung oder Labor, soweit keine auffälligen, von Normalbefunden abweichenden Feststellungen getroffen werden. Die digitale Dokumentation ist zulässig, sofern diese durch geeignete Maßnahmen gegen Veränderung, Vernichtung oder unrechtmäßige Verwendung geschützt sind.

Was der Behandelnde dokumentieren muss, richtet sich allein nach medizinischen Kriterien. Die Unterlagen dienen dem Zweck, den Verlauf der Behandlung für einen Arzt nachvollziehbar zu machen. Sie sind nicht dazu gedacht, für den Patienten die Beweise zu sichern. Die Behandlungsunterlagen müssen, soweit nicht gesonderte Regelungen bestehen, für die Dauer von zehn Jahren aufbewahrt werden (§§ 630f Absatz 3 BGB, 10 Abs. 3 MBO-Ä Fassung 2011).

Verstöße gegen die Dokumentationspflicht können zur Beweiserleichterung für den Patienten führen, wenn diesem dadurch unzumutbar erschwert wird, den Sachverhalt aufzuklären. Der Bundesgerichtshof argumentiert in seiner ständigen Rechtsprechung so: Wenn eine Behandlung, die hätte dokumentiert werden müssen, nicht dokumentiert ist, dann wird vermutet, dass die Behandlung nicht durchgeführt worden ist (BGH Urteil vom 24.01.1989,

Az. VI ZR 170/88). Dies wurde nun in § 630 h Absatz 3 BGB normiert. Wenn regelmäßige Blutdruckmessungen angezeigt gewesen wären und diese nicht dokumentiert worden sind, so wird vermutet, dass diese nicht durchgeführt wurden (BGH, NJW 1995, 1611,1612). So etwas kann für den Patienten im Verlauf ganz entscheidend sein.

Tipp

Bei der Einsicht in Behandlungsunterlagen sollten die vor- und nachbehandelnden Ärzte nicht vernachlässigt werden; auch in deren Unterlagen können sich wertvolle Hinweise finden, so dass auch von diesen die Behandlungsunterlagen angefordert werden sollten.

Es empfiehlt, sich bei der Anforderung von Behandlungsunterlagen um eine Bestätigung zu bitten, dass diese vollständig sind. Dies ist wichtig, damit der Patient im Laufe des Verfahrens nicht böse von Unterlagen überrascht wird, mit denen er nicht gerechnet hat. Etwa wenn der Patient geltend macht, dass er hätte stationär aufgenommen werden müssen, und anschließend ein Formular von dem Behandelnden nachgereicht wird, aus dem sich ergibt, dass der Patient gegen ärztlichen Rat die stationäre Aufnahme verweigert hat.

Als Problem stellt sich dar, dass der Patient nach der Rechtsprechung keinen Anspruch auf eine Bestätigung der Richtig- und Vollständigkeit der Kopien der Behandlungsunterlagen hat, so dass man die Vollständigkeit selbst überprüfen muss, was zuweilen nicht einfach ist.

Bestehen Zweifel am Inhalt oder an der Vollständigkeit der zugesandten Kopien, zum Beispiel wenn der Patient ein von der Klinik an den Hausarzt gerichtetes Schreiben vorlegt, dessen Abschrift sich nicht in den Behandlungsunterlagen befindet, oder sind Korrekturen ersichtlich, empfiehlt es sich, telefonisch einen Termin zu vereinbaren und die Originale einzusehen. Darauf hat nur der Patient selbst ein Recht. Es kommt in Einzelfällen vor, dass die Unterlagen korrigiert oder auch manipuliert sind. Das kann man oft nur feststellen, wenn man die Originale sieht. Solche Fälle treten vorwiegend im ambulanten und weniger im stationären Bereich auf. Im stationären Bereich sind viele Akteure mit der Behandlung und Dokumentation betraut, was Manipulationen erschwert. Außerdem werden Unterlagen vor der Herausgabe nicht überprüft. Anders im ambulanten Bereich: Dort dokumentiert im Allgemeinen nur ein Arzt, er kann die Unterlagen leicht überprüfen, bevor er sie herausgibt. Nachträgliche Eintragungen sind daher einfacher zu machen – manchmal reicht ein wenig Tipp-Ex – und damit wahrscheinlicher. Eine nachträgliche Ergänzung der Dokumentation, die nicht als solche gekennzeichnet wird, stellt eine unzulässige Manipulation dar.

Begutachtung

Patientinnen und Patienten haben heutzutage recht viele Möglichkeiten, ihren Behandlungsverlauf überprüfen zu lassen. Die meisten kosten die Patienten nichts, außer Zeit und etwas Mühe. Jedes Verfahren für sich genommen hat Vor- und Nachteile, die abgewogen werden müssen. Es gibt nicht das „richtige" Verfahren zur Überprüfung. Durchschnittlich wird in etwa einem Viertel bis einem Drittel der begutachteten Fälle ein fehlerhaftes Vorgehen festgestellt.

Eine Überprüfung der Behandlung ist möglich durch

→ die Medizinischen Dienste der Krankenkassen
→ die Güte- und Schlichtungsstellen der Ärztekammern
→ ein Privatgutachten.

Viele Patienten denken, dass der Weg über eine Strafanzeige, der dazu führt, dass die Staatsanwaltschaft ermittelt, ob ein strafbares Verhalten durch ein behandlungsfehlerhaftes Verhalten des Arztes vorliegt, sinnhaft sei. Davon ist aber in den meisten Fällen abzuraten.

Darüber, welcher Weg im konkreten Einzelfall der sinnvollste ist, kann ein fachkundiger Rechtsanwalt beraten. Auch die Unabhängige Patientenberatung, die Verbraucherzentralen oder Patientenvereinigungen können weiterhelfen (Adressen siehe Anhang).

Medizinischer Dienst

Die gesetzlichen Krankenkassen unterstützen nach § 66 SGB V ihre Versicherten bei der Überprüfung von Behandlungsverläufen. Einzige Voraussetzung dafür ist, dass die Behandlung, die überprüft werden soll, zum Leistungsumfang der Krankenkasse gehört. Im Gesetzestext ist ausdrücklich formuliert, dass sich die Ansprüche aus Behandlungsfehlern ergeben müssen. Diese gesetzlich vorgesehene Unterstützung erfolgt in erster Linie durch den Medizinischen Dienst der Krankenkassen (MDK). Privatpatientinnen und Patienten steht dieser Weg nicht offen, da der MDK allein für die gesetzlichen Krankenkassen tätig ist. Die Krankenkassen unterstützen die Patienten dabei, den Behandlungsverlauf zu überprüfen. Stellt sich heraus, dass ein Behandlungsfehler vorliegt, so macht die Krankenkasse in einem zweiten Schritt ihre eigenen Ansprüche gegenüber dem Behandelnden geltend – also die durch den Fehler entstandenen Kosten für die Behandlung und die Pflege.

Um die Behandlung überprüfen zu lassen, reicht der Versicherte sein Gedächtnisprotokoll ein und entbindet den Arzt gegenüber der Krankenkasse und dem MDK von der Schweigepflicht. Die Krankenkasse fordert im Allgemeinen dann als erstes die Behandlungsunterlagen an.

Gut zu wissen

Bei der Begutachtung durch den Medizinischen Dienst der Krankenkassen fallen für den Patienten keine Kosten an und die Gutachten liegen relativ schnell vor. Üblich ist ein Zeitraum von drei bis sechs Monaten.

In den letzten Jahren sind die Krankenkassen und der MDK verstärkt dazu übergegangen, die Gutachtenaufträge an externe Gutachter zu vergeben. Dabei handelt es sich um Fachärzte, die über praktische Erfahrungen mit der Behandlung der zu begutachtenden Krankheiten verfügen. Zum Teil sind es pensionierte Ärzte, zum Teil sind diese selbst noch in der Praxis oder im Krankenhaus tätig. Praktische Erfahrungen des Gutachters wirken sich in jedem

Fall positiv auf das Gutachten aus. Am Ende bekommt der Versicherte ein Gutachten, aus dem hervorgeht, ob der Gutachter einen Behandlungsfehler bestätigt oder nicht.

Es darf nicht verheimlicht werden, dass die Behandelnden die über den Medizinischen Dienst der Krankenkassen angefertigten Gutachten oftmals kritisch sehen, so dass eine Einigung auf der Grundlage dieser Gutachten nicht leichtfällt. Den Gutachtern wird häufig Parteilichkeit unterstellt, weil sie im Auftrag der Krankenkassen arbeiten, die wiederum die Gutachten auch selbst nutzen, um eigene Schadenersatzansprüche gegen den Arzt durchzusetzen. Aus der Sicht der Behandelnden spricht gegen diese Gutachten, dass Umstände, die nicht aus den Akten erkennbar sind, nicht berücksichtigt werden. Den Gutachtern des MDK liegt – insbesondere wenn der Patient wie oben beschrieben vorgeht – überhaupt keine Stellungnahme der behandelnden Ärzte vor. Sie begutachten die Behandlung allein auf der Grundlage der Akte und des Gedächtnisprotokolls des Versicherten. Dieses Problem lässt sich aber entschärfen. Wenn Ansprüche geltend gemacht werden und der Behandelnde dazu Stellung bezieht, kann man dessen Stellungnahme dem vorbefassten Gutachter vorlegen und ihn auffordern, diese zu prüfen. Das Ergebnis kann dann in die Entscheidungsfindung einbezogen werden.

In der Praxis ist es üblich, dass der Patient seine Ansprüche zuerst durchsetzt und die Krankenkasse die Regulierung dieser Direktansprüche abwartet. Erst danach machen die Krankenkassen und andere betroffene Sozialversicherungsträger ihre Ansprüche geltend. Ein Grund dafür ist die Überlegung, dass in den Fällen, in denen die Deckungssumme der Haftpflichtversicherung der Behandelnden nicht ausreicht, um alle Schadenersatzansprüche zu erfüllen, die Ansprüche des Geschädigten selbst Vorrang haben. Dies ist vom Gesetzgeber in § 116 Abs. 4 SGB normiert worden. Gerade bei Geburtsschadenfällen ist dies zu berücksichtigen.

Ist man sich dieser Nachteile bewusst, ist die Begutachtung der Behandlung durch den Medizinischen Dienst der Krankenkassen für Patientinnen und Patienten ein guter Weg, um ohne Kosten zügig zu einem Gutachten zu kommen, mit dem der Behandlungsfehler und seine Folgen eventuell bestätigt werden.

Güte- bzw. Schlichtungsstellen

Ein anderer Weg zu einer Begutachtung führt über die Ärztekammern. Dort gibt es Güte- oder Schlichtungsstellen, die Behandlungsverläufe überprüfen. Die Gütestellen begutachten auf Antrag des Patienten einen Sachverhalt und sprechen Empfehlungen aus. Die erste wurde 1975 in Bayern eingerichtet. Zügig zogen die anderen Bundesländer nach. Insgesamt gibt es derzeit neun in Deutschland (siehe Adressen im Anhang).

Diese Einrichtungen haben unterschiedliche Namen. In Bayern zum Beispiel gibt es eine „Gutachterstelle", in Westfalen eine „Gutachterkommission", und die norddeutschen Ärztekammern haben eine gemeinsame „Schlichtungsstelle für Arzthaftpflichtfragen" eingerichtet.

Jede Güte- beziehungsweise Schlichtungsstelle hat ihre eigene Satzung, die es im Einzelfall zu berücksichtigen gilt. So muss in Sachsen der Patient zunächst einen Anspruch an den Behandelnden herantragen. Erst wenn der abgelehnt ist, kann er einen Antrag auf Begutachtung stellen. Andere Länder, andere Sitten. Das Verfahren vor den Güte- und Schlichtungsstellen ist im Regelfall kostenlos für den Antragsteller. Ausnahme von diesem Grundsatz ist das Verfahren vor der Gutachterkommission für Fragen ärztlicher Haftpflicht bei der Landesärztekammer Baden-Württemberg: Beantragt der Patient ein Sachverständigengutachten, so trägt er auch dessen Kosten.

Im Grundsatz arbeiten die Güte- und Schlichtungsstellen alle ähnlich. Der Patient beantragt ein Verfahren. Er listet auf, wann er wo bei wem in Behandlung war und wieso er meint, dass jemand in welcher Form fehlerhaft gehandelt hat. Dann fragt die Güte- beziehungsweise Schlichtungsstelle bei dem Antragsgegner nach, ob er dem Verfahren zustimmt. Denn allen Güteverfahren der Ärztekammern ist gemein, dass es sich um ein freiwilliges Verfahren handelt. Der betroffene Arzt entscheidet frei, ob er sich überhaupt auf das Verfahren einlässt. Im ambulanten Bereich kann es eher als im stationären Bereich vorkommen, dass die Ärzte einem Verfahren nicht zustimmen. Das passiert vor allem dann, wenn sie überzeugt sind, dass die Vorwürfe unberechtigt sind. Im stationären Bereich ist das eher selten. Die Kliniken, beziehungsweise deren Haftpflichtversicherungen, stimmen fast regelhaft dem Verfahren zu. Wenn die Beteiligten zugestimmt haben, fordert die Güte- beziehungsweise die Schlichtungsstelle die Behandlungsunterlagen an, bittet den Antragsgegner, den Arzt beziehungsweise das Krankenhaus, zu dem Vorwurf Stellung zu nehmen, und beauftragt danach einen Gutachter. Dieser erstellt sein Gutachten in der Regel nach der Aktenlage; untersucht und befragt wird der Patient meist nicht.

Zu den Ausführungen des Gutachters nimmt die Schlichtungskommission abschließend Stellung. In der Kommission sitzen Ärzte und Juristen. Meist kommen der Gutachter und die Schlichtungskommission zu dem gleichen Ergebnis. Zwingend ist das aber nicht. So kann ein für den Patienten positives Gutachten zu einem für ihn negativem Votum der Schlichtungskommission führen und andersherum. Ursache dafür ist, dass die juristische Beurteilung des Falles zuweilen von der medizinischen abweicht. Nicht jeder Behandlungsfehler eines Arztes führt bei der rechtlichen Bewertung zu einem begründeten Anspruch des Patienten. Das Verfahren dauert im Schnitt zwölf bis achtzehn Monate.

Für das Schlichtungsverfahren sprechen verschiedene Gründe So führt der zweistufige Begutachtungsprozess häufig zu tragfähigeren Ergebnissen. Die Akzeptanz der Haftpflichtversicherer ist größer, sie sind eher bereit, den Fall zu regulieren, als bei anderen Gutachten. Die Haftpflichtversicherung der behandelnden Ärzte ist in das Verfahren üblicherweise eingebunden, das erhöht die Bereitschaft, ein für den Patienten günstiges Ergebnis des Schlichtungsverfahrens zu akzeptieren. Ein positiver Verfahrensausgang garantiert jedoch nicht die Regulierung.

Dieser positive Aspekt bringt aber auch einen entscheidenden Nachteil mit sich. Wird ein Behandlungsfehler verneint, wird es sehr viel schwieriger, zu einer außergerichtlichen Einigung und damit zu einem positiven Ergebnis für den Patienten zu gelangen.

Privatgutachten

In der letzten Zeit wurde eine Reihe von Instituten gegründet, die eine breite Palette von Gutachten anbieten. Sie beantworten – immer kostenpflichtig – medizinische Einzelfragen, begutachten Behandlungsfehler, erstellen Gutachten zur Kausalität und liefern eine Prognose von denkbaren Folgeschäden. Teils auf Anregung privater Krankenkassen, teils als eigenständiger Berufszweig von Ärzten gegründet, können solche Institute im Einzelfall hilfreich sein.

Alternativ besteht die Möglichkeit, dass der Patient selbst einen Privatgutachter sucht und diesen mit der Erstellung eines Gutachtens beauftragt. Die Bandbreite reicht hier vom niedergelassenen Facharzt bis zum Chefarzt einer Universitätsklinik. Zu berücksichtigen ist, dass die meisten Ärzte primär Patienten behandeln und sich oft dagegen wehren, Gutachten zu erstellen.

Der Wert dieser Gutachten ist im Ergebnis sehr unterschiedlich, da Privatgutachter, wenn sie nicht schon häufig Gutachten erstellt haben, selten wissen, was rechtlich als Behandlungs- beziehungsweise Aufklärungsfehler zu werten ist. Hinzu kommt, dass diese Gutachten grundsätzlich mit Kosten verbunden sind.

Dreht sich der Streit dagegen allein um die Beurteilung eines Röntgenbildes, eines histologischen Befundes, das Übersehen eines Laborbefundes, dann genügt ein Nachbefund durch einen Radiologen, ein Zweiturteil durch einen Fachmann für histologische Präparate, ein Privatgutachten durch einen Internisten, der zum Laborbefund Stellung nimmt. Auf dieser Grundlage kann eine Überprüfung erfolgen. Dies ist aber die Ausnahme.

Verstoß gegen Richt- und Leitlinien

Zuweilen stellt Patientinnen und Patienten fest, dass der Behandelnde von einer Richt- oder Leitlinie abgewichen ist – die sind im Internet zu finden –, und schließt daraus, dass dieser vermeidbar behandlungsfehlerhaft handelte, weil er diese nicht eingehalten hat. Aber Vorsicht, so einfach ist das nicht.

Gut zu wissen

Leitlinien werden von den wissenschaftlichen Fachgesellschaften, der AWMF, herausgegeben und sind im Internet abrufbar (www.awmf.org).

Leitlinien sind nach der AWMF „systematisch entwickelte Darstellungen und Empfehlungen mit dem Zweck, Ärzte und Patienten bei der Entscheidung über angemessene Maßnahmen der Krankenversorgung (Prävention, Diagnostik, Therapie und Nachsorge) unter spezifischen medizinischen Umständen zu unterstützen. Leitlinien geben den Stand des Wissens (Ergebnisse von kontrollierten klinischen Studien und Wissen von Experten) über effektive und angemessene Krankenversorgung zum Zeitpunkt der Drucklegung wieder. In Anbetracht der unausweichlichen Fortschritte wissenschaftlicher Erkenntnisse und der Technik müssen periodische Überarbeitungen, Erneuerungen und Korrekturen unternommen werden. Die Empfehlungen der Leitlinien können nicht unter allen Umständen angemessen genutzt werden. Die Entscheidung darüber, ob einer bestimmten Empfehlung gefolgt werden soll, muss vom Arzt unter Berücksichtigung der beim individuellen Patienten vorliegenden Gegebenheiten und der verfügbaren Ressourcen getroffen werden."(unter www. awmf.org)

Aus dieser Beschreibung wird ersichtlich, dass Leitlinien allein Handlungskorridore beschreiben. Sie haben Empfehlungscharakter. Die Ärzte sind zwar extrem bemüht, der Medizin Normcharakter durch Richt- und Leitlinien zu verleihen. Sie hoffen, dadurch mehr Rechtssicherheit bei ihrer jeweiligen Behandlung zu haben. Aber Richt- und Leitlinien repräsentieren nicht unbedingt den medizinischen Standard zum Zeitpunkt der Behandlung: Dieser kann sich seit Abfassung der jeweiligen Leitlinie bereits weiterentwickelt haben. Ebenfalls ist zu bedenken, dass die in einer Leitlinie enthaltenen Empfehlungen für den Regelfall gelten. Keine Regel ohne Ausnahme – es gibt Situationen, in denen das Abweichen von der Leitlinie zu fordern ist, weil ein Ausnahmefall, der in der Leitlinie nicht ausdrücklich geregelt ist, vorliegt. Ein Abweichen von den Empfehlungen der Leitlinie gestattet deshalb nicht den zwingenden Schluss auf einen Behandlungsfehler. Auch wenn man zuweilen das Gefühl hat, dass es sich nahezu um Checklisten handelt, die nur abgearbeitet werden müssen, damit der Patient wieder gesund wird.

Leitlinien können also den medizinischen Standard repräsentieren, zwangsläufig ist dies nicht. Sie sind deklaratorisch, aber nicht konstitutiv. Dafür, dass dies so ist, sprechen auch die folgenden Aspekte: die medizinische Entwicklung ist schneller als die Zeit, die für eine Umsetzung in eine Richt-/Leitlinie benötigt wird. Richt- und Leitlinien sind daher häufig zu alt. Die Individualität des einzelnen Patienten wird nur ungenügend berücksichtigt. Auch die grundsätzliche Therapiefreiheit des Arztes spricht dagegen. Darüber hinaus gibt es nicht für jede Erkrankung eine Leitlinie.

Selbstverständlich müssen Gutachter bei der Beurteilung eines Behandlungsgeschehens und der Frage, ob eine Abweichung vom medizinischen Standard vorliegt, den aktuellen Stand der Wissenschaft zum Zeitpunkt des Geschehens sowie einschlägige Richt- und Leitlinien berücksichtigen. Sie werden aber nur berücksichtigt. Ein Verstoß führt nicht ohne weiteres zu einer Haftung des Arztes.

Bewertung der Gutachten

Aussagen eines Gutachters, die in einem Privatgutachten, zu denen ein Gutachten des MDK oder auch der Güte- beziehungsweise Schlichtungsstellen zählt, gemacht werden, sind nicht bindend. Der Gegner kann die Aussagen akzeptieren, er kann diese aber auch ablehnen. Manchmal legt die Haftpflichtversicherung ein eigenes Gutachten vor, in dem der Fall ganz anders beurteilt wird.

Es lässt sich nicht allgemein sagen, welche Wertigkeit die Gutachten haben, in denen die Behandlungsverläufe überprüft werden. Es kann und muss immer nur im Einzelfall entschieden werden. Zum Beispiel zu Fragen des Aufklärungsverschuldens lassen sich selten Aussagen in diesen Gutachten finden. Dies verwundert nicht. Ob der Patient Ansprüche aus diesem Verschulden haben kann, lässt sich meist nur auf Grundlage der Erklärungen des Patienten beziehungsweise des Arztes zu dieser Frage beurteilen. Auch zu einem Organisationsverschulden des Krankenhauses sind oft keine beziehungsweise kaum verwertbare Aussagen zu erhalten. Es kommt stets auf die Umstände des Einzelfalles an, bei dem Vor- und Nachteile sorgfältig gegeneinander abzuwägen sind.

Dass der Gutachter auf den betroffenen Arzt kollegial Rücksicht nimmt, lässt sich wie bei allen medizin-rechtlichen Begutachtungen nicht von vornherein ausschließen. Die Querverbindungen zwischen den beiden können häufig nicht eruiert werden. Wird der Gutachter aus dem Bereich der Ärztekammer des Arztes ausgewählt, wie dies bei den Güte- beziehungsweise Schlichtungsstellen häufiger vorkommt, darf als sicher angenommen werden, dass „man sich kennt". Richtet sich der Vorwurf zum Beispiel gegen eine niedergelassene Gynäkologin, die ihre Patientinnen regelmäßig zur Entbindung oder zu gynäkologischen Operationen in das Krankenhaus überweist, dessen Chefarzt der Gynäkologie/Geburtshilfe der Gutachter ist, mögen wirtschaftliche Aspekte in die Beurteilung einfließen. Es wäre dem Anspruch auf strikte Neutralität der Gutachter zuträglich, wenn ausschließlich auf Gutachter aus anderen Kammern zurückgegriffen würde. Eine solche Auswahl würde das Vertrauen in die Objektivität des Verfahrens gerade bei den Güte- und Schlichtungsstellen positiv beeinflussen, auch und gerade weil Untersuchungen des Patienten in aller Regel nicht erfolgen.

Gut zu wissen

Die im Vorfeld eines Zivilprozesses getätigten Aussagen eines Gutachters sind für die Parteien nicht bindend. Kommt es zu einer Klage, wird das Gericht im Allgemeinen ein eigenes Gutachten einholen. Es kommt vor, dass der vom Gericht beauftragte Gutachter zu einer vollständig abweichenden Beurteilung kommt.

Nur im Ausnahmefall: strafrechtliche Schritte

Oft leiten Patienten oder deren Angehörige ein strafrechtliches Ermittlungsverfahren ein, indem sie eine Strafanzeige erstatten. Zum einen gehen sie davon aus, dass der Fall dann begutachtet wird, zum anderen möchten sie, dass der Arzt bestraft wird. Ganz deutlich: Finger weg! Hierbei ist größte Vorsicht geboten. Die Nachteile einer Strafanzeige überwiegen meist die Vorteile, von ganz wenigen Ausnahmen einmal abgesehen.

Ein strafrechtliches Ermittlungsverfahren hat negative Folgen: In den Statuten der Güte- beziehungsweise Schlichtungsstellen ist geregelt, dass eine Schlichtung nicht stattfindet, wenn wegen derselben Behandlung ein Gerichtsverfahren anhängig ist oder war oder der Staatsanwalt ermittelt. Werden derartige Verfahren nach Anrufung der Gutachterkommission eröffnet, wird das Verfahren vor der Gutachterkommission ausgesetzt. Weiter ist zu berücksichtigen, dass die Staatsanwaltschaft dazu neigt, die Behandlungsunterlagen zu beschlagnahmen, was zwar durchaus sinnvoll, im Einzelfall sogar dringend geboten sein kann, wodurch es aber schwierig wird, die Akten einzusehen. Die Originale liegen dann beim Staatsanwalt, und einige Staatsanwaltschaften haben sich zumindest in der Vergangenheit geweigert, trotz vorgelegter Vollmacht und Befreiungserklärung von der ärztlichen Schweigepflicht Kopien herauszugeben. Die Staatsanwaltschaft wird ein Gutachten in Auftrag geben, die Unterlagen stehen dann für ein Jahr und oder länger nicht zur Einsicht zur Verfügung. Der Arzt und seine Haftpflichtversicherung werden es darüber hinaus im Allgemeinen ablehnen, sich außergerichtlich zu einigen, solange das strafrechtliche Ermittlungsverfahren anhängig ist. Es muss also der Ausgang des strafrechtlichen Verfahrens abgewartet werden, bevor zivilrechtlich Schaden- und Schmerzensgeldansprüche durchgesetzt werden können. Und das strafrechtliche Verfahren dauert.

Zu beachten ist weiter, dass ein staatsanwaltliches Ermittlungsverfahren nach strafprozessualen Regeln ablaufen wird und diese sind andere als im Zivilrecht. Auch wenn der Arzt strafrechtlich nicht zur Rechenschaft gezogen werden kann, kann er zivilrechtlich durchaus haften. Denn im Zivilrecht gibt es den Grundsatz „Im Zweifel für den Angeklagten" nicht vorbehaltlos. Der Gutachtenauftrag der Staatsanwaltschaft ist oft allgemein gehalten, kann sogar am Sachverhalt vorbei zielen. Dieser wird überwiegend der nächstgelegenen Universitätsklinik erteilt, das Gutachten selbst wird oftmals ebenfalls allgemein gehalten sein. Eine Auswahl des Sachverständigen nach dessen Qualifikation ist nicht gewährleistet. Im Ergebnis ist ein Gutachten, das im Strafverfahren erstellt worden ist, zivilrechtlich selten zu verwerten.

Zu berücksichtigen ist auch, dass ein im Auftrag der Staatsanwaltschaft erstelltes Gutachten unter Umständen Grundlage für eine Anklage wegen fahrlässiger Körperverletzung sein kann, die im Endeffekt zu einem Berufsverbot für den betroffenen Arzt führen kann. Dass es in dieser Situation eine – auch unbewusste – Tendenz zu „wohlwollender", auch „kollegialer" Begutachtung geben kann, ist nicht abwegig. Es fällt dem Gutachter leichter, Fehler zu benennen, wenn er weiß, dass es „nur" um Schadenersatz geht. Geht es um strafrechtliche Schritte gegen Kollegen, wird er sich zurückhalten, einen Behandlungsfehler zu bejahen.

Hinzu kommt: Im Zivilrecht muss der Patient unter bestimmten Voraussetzungen nicht beweisen, dass es einen kausalen Zusammenhang zwischen dem Behandlungsfehler und dem ihm entstandenen Schaden gibt. Die Beweislast kehrt sich um, der Arzt muss beweisen, dass es keinen Zusammenhang gibt. Das entscheidet oft über den Ausgang des Verfahrens zugunsten des Patienten. Im Strafrecht gibt es diese Beweiserleichterung nicht. Dementsprechend wird der Gutachter nur gefragt, ob er die Kausalität sicher feststellen kann oder nicht. Unmittelbar verwertbare Informationen darüber, ob die Voraussetzungen für die Beweislastumkehr gegeben sind, enthält das strafrechtliche Gutachten nicht. Mit den für den Mandanten oftmals negativen oder sehr zurückhaltend formulierten Gutachten ist zudem eine negative Vorentscheidung gefallen. Das erschwert es, zivilrechtliche Ansprüche durchzusetzen. In der Praxis führen nur die wenigsten dieser Ermittlungen dazu, dass der Arzt angeklagt wird. Die meisten werden eingestellt – und danach wird es schwierig, zivilrechtlich Ansprüche geltend zu machen.

Aber es gibt keine Regel ohne Ausnahme. Besteht der dringende Verdacht, dass die Dokumentation nachträglich manipuliert worden ist, ist die Möglichkeit einer Strafanzeige zu prüfen. Die nachträgliche Manipulation durch den Behandelnden zur Entlastung ist im Regelfall als (versuchter) Prozessbetrug strafbar. Anders als bei der Frage nach dem Behandlungsfehler ist die Frage nach der unbefugten Manipulation der Dokumentation für die Staatsanwaltschaft klärbar, zum Beispiel durch Schriftgutachten oder bei einer computergestützten Dokumentation durch ein EDV-Gutachten. Da Schadenersatzansprüche in manchen Fällen mit Aussicht auf Erfolg nur geltend gemacht werden können, wenn nachgewiesen ist, dass die Dokumentation manipuliert wurde, muss zunächst dieser Vorwurf geklärt werden. Die oben erläuterten Nachteile bestehen hier nicht. Solche Fälle sind aber selten.

Sollte Anklage gegen den behandelnden Arzt erhoben werden, so besteht unter bestimmten Voraussetzungen die Möglichkeit, als Nebenkläger aktiv am Strafprozess gegen den Arzt teilzunehmen. Voraussetzung dafür ist, dass sich der Tatvorwurf auf eine der in § 395 StPO bezeichneten Taten bezieht.

Bei ärztlichen Behandlungsfehlern kommt es im Regelfall zu einer Anklage wegen fahrlässiger Körperverletzung oder fahrlässiger Tötung. Bei fahrlässiger Körperverletzung ist der Patient stets berechtigt, sich nach Anklageerhebung als Nebenkläger am Strafprozess zu beteiligen. Kommt der Patient durch einen Behandlungsfehler zu Tode, so sind seine Kinder und seine Eltern sowie sein Ehegatte oder Lebenspartner berechtigt, als Nebenkläger aufzutreten.

Das Strafverfahren eröffnet in Form der Nebenklage dem Patienten die Möglichkeit, neben dem Staatsanwalt quasi als weiterer Ankläger aufzutreten und selbst oder durch seinen Rechtsanwalt als Nebenklagevertreter aktiv an dem Prozess teilzunehmen. Dem Nebenkläger stehen dabei nahezu die gleichen Rechte wie dem Staatsanwalt zu. Unabhängig von der Staatsanwaltschaft kann der Nebenkläger hinsichtlich der Schuldfrage auch Rechtsmittel gegen das Urteil einlegen.

Die Kosten der Nebenklage trägt im Falle der Verurteilung der Angeklagte, in bestimmten Fällen besteht auch eine Kostenübernahme durch den Staat oder einer Rechtsschutzversicherung. Dies ist im Einzelfall zu klären.

Der Gesetzgeber gibt dem Opfer auch die Möglichkeit, im Rahmen eines Adhäsionsverfahrens (§§ 403 ff. StPO), das unabhängig von einer Nebenklage ist, zivilrechtliche Ansprüche wie Schadenersatz und Schmerzensgeld in einem Strafprozess „anzuheften" (Adhäsion). Die Richter prüfen also im Strafprozess diese zivilrechtlichen Ansprüche mit und entscheiden über diese in ihrem Urteil. Dieser Weg ist in der Regel schneller als der Weg über den Zivilprozess. Einige Punkte sind bei dem Adhäsionsverfahren zu beachten:

Das Adhäsionsverfahren ist nur dann möglich, wenn die Schadenersatzansprüche noch nicht anderweitig gerichtlich anhängig gemacht worden sind.

Das Gericht kann von einer Entscheidung absehen, „wenn sich der Antrag auch unter Berücksichtigung der berechtigten Belange des Antragstellers zur Erledigung im Strafverfahren nicht eignet" (§ 406 Abs. 1 S. 4 StPO). Dies ist dann gegeben, wenn das Adhäsionsverfahren den Prozess „erheblich verzögern würde". In der Regel wird über die Höhe des Schmerzensgelds und den Schadenersatzanspruch entschieden, sofern sich dieser als unproblematisch darstellt, wie dies bei abgeschlossenen einfachen Sachverhalten der Fall ist. Diese sind jedoch selten im Arzthaftungsbereich gegeben.

Kapitel 2

Behandlungsfehler im Detail

Das Arzthaftungsrecht basiert auf dem Bürgerlichen Gesetzbuch. Seit 2013 ist in Deutschland das Patientenrechtegesetz in Kraft, das die bisherige Rechtsprechung zusammenfasst. Um Ansprüche geltend zu machen, muss der Patient oder die Patientin in den meisten Fällen nachweisen, dass der Arzt einen Fehler gemacht hat, dem Patienten ein Schaden entstanden ist, und dass beides kausal zusammenhängt. Dabei werden unterschiedliche Arten von Fehlern unterschieden. Unter speziellen Bedingungen kehrt sich die Beweislast um.

Rechtliche Grundlagen

Nicht erst dann, wenn der Patient ein Gutachten in den Händen hält, sondern auch, wenn er selbst beurteilen möchte, was der Arzt falsch gemacht hat, sind die rechtlichen Grundlagen für das Verständnis wichtig. Es gibt drei Bereiche:

1. Das **Bürgerliche Gesetzbuch (BGB)** regelt die Rechtsbeziehungen zwischen Privatpersonen. Dazu gehören auch die Schadenersatzansprüche wegen Behandlungsfehlern. Können sich die Parteien nicht selbst einigen, ist das Zivilgericht zuständig. Wird Klage erhoben, entscheidet es, ob die geltend gemachten Ansprüche bestehen oder nicht. Im Zivilprozess macht der Patient als Kläger seine eigenen Ansprüche geltend. Er kann deshalb auch entscheiden, ob er Klage erhebt oder nicht. Hat er Klage erhoben, kann er sie zurücknehmen oder sich mit dem Gegner einigen.

2. Das **Verwaltungsrecht** regelt die Beziehungen zwischen dem Bürger und der Verwaltung.

3. Das **Strafrecht** umfasst diejenigen Rechtsnormen, durch die bestimmte Verhaltensweisen verboten und unter Strafe gestellt werden. So darf der Bürger einen anderen nicht betrügen, ihn nicht verletzen, er darf nicht stehlen und morden. Weil der Staat seine Verbote und seinen Anspruch, die Übertretung dieser Verbote zu bestrafen, durchsetzt, ist er im Strafverfahren der Kläger. Mögliche Strafen sind unter anderem die Geld- und die Freiheitsstrafe; auch Berufsverbote können ausgesprochen werden.

Das Arzthaftungsrecht kann alle drei der genannten Bereiche tangieren. Die Körperverletzung oder der Tod eines Patienten können einen Straftatbestand erfüllen und damit zu einer strafrechtlichen Verurteilung führen. Allerdings ist dies nur selten der Fall. Wie bereits erwähnt, liegt das daran, dass der Grundsatz „in dubio pro reo", im Zweifel für den Angeklagten, gilt. Dieser Grundsatz führt dazu, dass die Körperverletzung bzw. der Tod zweifelsfrei durch den Arzt herbeigeführt worden sein müssen. Bleibende Zweifel, werden zu Gunsten des Arztes gewertet.

Der Arzt kann auch von seiner zuständigen Ärztekammer sanktioniert werden, wenn er gegen seine berufsrechtlichen Regeln verstößt. Stellt die Ärztekammer fest, dass ein Arzt berufsunwürdig ist, so wird ihm in der Regel die

Approbation entzogen. Diese Maßnahmen erfolgen auf der Grundlage des Verwaltungsrechts. Werden sie gerichtlich angefochten, entscheidet das Verwaltungsgericht.

Geht es um Schadenersatzansprüche des Patienten, entscheidet das Zivilgericht darüber, ob der Arzt ersatzpflichtig ist oder nicht.

Durch das gesamte Rechtssystem zieht sich der Grundsatz, dass derjenige, der etwas von einem anderen haben will, beweisen muss, dass es ihm zusteht. Beispielsweise muss der Staat im Strafrecht beweisen, dass der Angeklagte sich strafbar gemacht hat, sonst wird er nicht verurteilt. Im Verwaltungsrecht muss die Verwaltung nachweisen, dass die Voraussetzungen dafür vorliegen, dass sie vom Bürger etwas fordert oder ihm etwas verbietet.

Im Zivilrecht muss der Kläger beweisen, dass der von ihm geltend gemachte Anspruch besteht. Im Arzthaftungsrecht führt das dazu, dass der Patient nachweisen muss, dass der Arzt einen vermeidbaren Behandlungsfehler begangen hat und dass dieser einen Schaden bei ihm verursacht hat. Das ist nicht leicht. Meistens ist es eben doch nur ein Gefühl, das der Patient hat, dass da etwas bei der Behandlung nicht in Ordnung gewesen ist und es ihm ansonsten gut, besser gehen würde. Der Patient ist ein Laie. Woher soll er wissen, was richtig und was falsch gewesen ist? Auch können unterschiedliche Ärzte unterschiedliche Auffassungen darüber vertreten, was falsch und was richtig ist. Der alte Witz: „Treffen sich zwei Ärzte und sind beide einer Meinung, ist einer kein Arzt", trifft nur allzu oft zu.

An der Beweislast des Patienten im Zivilrecht kommen wir nicht vorbei: Er muss nachweisen, dass der Arzt einen Fehler gemacht hat und er muss – was häufig noch viel schwieriger ist – nachweisen, welche Schäden durch diesen Fehler verursacht wurde. Gelingt es ihm nicht, diesen Nachweis zu führen, weil Zweifel bleiben, wird seine Klage abgewiesen. An diesem Grundsatz hat auch das Patientenrechtegesetz nichts geändert.

Das Patientenrechtegesetz

Das Patientenrechtegesetz ist am 1.2.2013 in Kraft getreten. Die Regelungen, die das Arzthaftungsrecht betreffen, wurden als Paragrafen 630 a bis h in das

Bürgerliche Gesetzbuch (BGB) eingeführt. Das Gesetz spiegelt die bisherige höchstrichterliche Rechtsprechung, die des Bundesgerichtshofs und des Bundesverfassungsgerichts, im Bereich des Arzthaftungsrechts wider (siehe Anhang).

Bis zur Einführung des Patientenrechtegesetzes galt das Arzthaftungsrecht als Richterrecht. Spezielle Normen gab es nicht. Das Bundesverfassungsgericht und der Bundesgerichtshof hatten in einer Vielzahl von Entscheidungen Vorgaben gemacht, wie die Grundregeln des Bürgerlichen Gesetzbuchs und des Zivilprozessrechts auf einen konkreten Fall angewendet werden sollten. Hauptzweck des Gesetzes ist es, die Position der Patientinnen und Patienten gegenüber ihren Behandelnden durch gesetzliche Normierung zu stärken. Auch ist mehr Transparenz geschaffen worden; der Bürger kann nunmehr nachlesen, welche Rechte er im Rahmen seiner medizinischen Behandlung hat.

GESETZ

Der Vertrag zwischen dem Arzt und seinem Patienten ist ein Dienstvertrag gemäß § 630 a BGB. Wer sich behandeln lässt, kann nicht ein bestimmtes Ergebnis, einen Erfolg, verlangen, sondern einzig eine Behandlung, die dem ärztlichen Standard zu jenem Zeitpunkt entspricht, entsprechend § 630a Absatz 2 BGB. Ein Abweichen hiervon stellt eine Verletzung der Sorgfaltspflicht nach § 280 Absatz 1 Satz 1 BGB dar.

Ausschlaggebend: der „medizinische Standard"

Dreh- und Angelpunkt des Arzthaftungsrechts, das Herzstück, ist damit der medizinische Standard. Er repräsentiert den Stand der Erkenntnisse, die sich in der Praxis zum Zeitpunkt der Behandlung bewährt haben. Der Arzt muss also jene Maßnahmen ergreifen, die von einem gewissenhaften Facharzt vorausgesetzt und erwartet werden können. Naturgemäß sind an einen Chirurgen andere Anforderungen zu stellen als an einen Augenarzt. Von einem Chirurgen wird erwartet, dass er die notwendige Diagnostik bei einer Gallensteinerkrankung einleitet, adäquat auswertet und entsprechende Therapien zur Heilung vornimmt, von einem Augenarzt kann man dies nicht erwarten. An eine Universitätsklinik ist der gleiche Maßstab anzulegen wie an ein kleineres städtisches Krankenhaus. Aber nicht überall muss ein Hubschrauberdienst zur Verfügung stehen, nicht jede Klinik muss sämtliche modernsten Behandlungen anbieten. Bietet ein Krankenhaus bestimmte Behandlungen an, müssen diese aber dem Standard entsprechend erbracht werden können. Der Standard in der Arzthaftung bemisst sich insofern nicht an den medizinischen Möglichkeiten bei bestmöglicher Versorgung, sondern allein an einem Mindeststandard, der aber nicht unterschritten werden darf.

Wirtschaftliche Überlegungen haben bisher keinen Einfluss auf den Standard. Solange die Kostenübernahme durch eine Krankenversicherung sichergestellt ist, kann eine notwendige Maßnahme nicht mit der Begründung verweigert werden, sie sei zu teuer.

Zu einer ordnungsgemäßen Behandlung gehört auch eine ordnungsgemäße Aufklärung. Dies steht in § 630 e BGB. Der Patient muss wissen, welche Risiken und Gefahren die eine oder andere Maßnahme birgt. Wie die Erfolgsaussichten aussehen, welche Alternative es gibt, welche Kosten gegebenenfalls auf ihn zukommen. Nur dann kann er sein im Grundgesetz garantiertes Recht auf Selbstbestimmung wahrnehmen und der Behandlung zustimmen. Um es ganz klar zu sagen: Der Arzt darf nichts gegen den Willen des Patienten tun. Dies gilt auch dann, wenn die Behandlung absolut geboten ist, um das Leben eines Menschen zu retten. Wenn der Zeuge Jehovas eine lebensrettende Bluttransfusion aus Glaubensgründen verweigert, so muss der Arzt dies akzeptieren, auch wenn der Patient dadurch stirbt.

Für Komplikationen oder die Unwirksamkeit einer Therapie bei standardgemäßer Behandlung kann der Arzt nicht haftbar gemacht werden. Jede Behandlung beinhaltet Risiken. Es kann zu Infektionen und zu Blutungen kommen, der gewünschte Erfolg kann sich auch bei größtmöglicher Sorgfalt des Arztes nicht einstellen. Jeder Mensch ist nun einmal unterschiedlich und reagiert damit auch auf die ärztliche Behandlung verschieden. Blutungsneigungen, Gewicht, Vorerkrankungen, Alter, Keimbesiedlungen, Abwehrreaktionen sind bei jedem Menschen anders, und so verwundert es nicht, wenn der eine

Patient sehr gut auf ein Antibiotikum anspricht und der andere nicht. Der eine bekommt eine Grippe, der andere nicht. Das passiert und muss nicht an einem vermeidbaren Behandlungsfehler des Arztes liegen. Der Arzt kann keine Garantie für den gewünschten Erfolg übernehmen. Würde man eine derartige Garantie fordern, so würde sich kein Arzt finden lassen, der überhaupt noch einen Patienten behandelt. Die Prämien der Haftpflichtversicherungen wären nicht mehr zu bezahlen. Wenn der Dienst des Arztes dem ärztlichen Standard entspricht, wird der Anspruch des Patienten aus dem Dienstvertrag erfüllt und damit genügt der Arzt seinen Sorgfaltspflichten.

Neben den Anspruch aus dem Dienstvertrag tritt eine deliktische Haftung nach § 823 BGB, da eine vermeidbar fehlerhafte Behandlung, die zu einem Schaden geführt hat, eine rechtswidrige schuldhafte Verletzung von Körper oder Gesundheit des Patienten durch den Arzt entspricht.

GESETZ

§ 823 Absatz 1 BGB: „Wer vorsätzlich oder fahrlässig das Leben, den Körper, die Gesundheit, die Freiheit, das Eigentum oder ein sonstiges Recht eines anderen widerrechtlich verletzt, ist dem anderen zum Ersatz des daraus entstehenden Schadens verpflichtet."

Die Ansprüche aus der Verletzung aus dem Behandlungsvertrag und dem Paragrafen 823 BGB stehen nebeneinander und können unabhängig voneinander geltend gemacht werden.

Der neue § 630 a BGB verpflichtet nicht nur den Arzt, sondern auch Heilpraktiker, Hebammen, Psycho- und Physiotherapeuten und alle anderen Berufsgruppen, die medizinische Behandlungen an Patienten durchführen, den jeweiligen Standard einzuhalten. Insofern spricht das Gesetz von Behandelnden, statt nur den Arzt zu nennen.

Wenn eine Behandlung nun nicht dem ärztlichen Standard entsprochen hat und der Patient dadurch einen Schaden erlitten hat, so umfasst der Schadenersatzanspruch den wirtschaftlichen Ausgleich aller Schäden, die dem Patienten deshalb entstanden sind, sowie ein Schmerzensgeld. Wenn der Patient einen Schaden hätte erleiden können, ihm aber nichts passiert ist, hat er keinen Schaden erlitten. Er hat dann auch keinen Anspruch. Was alles hätte passieren können ist unerheblich, erheblich ist nur, was passiert ist. Wenn der Arzt einen Knochenbruch übersehen und stattdessen fälschlicherweise eine Zerrung diagnostiziert hat, die Therapie für beide Diagnosen aber gleich und der Bruch gut verheilt ist, so resultiert daraus kein Anspruch. Der Patient hat ja keinen Schaden davon getragen.

Auch wenn der Patient nicht ordnungsgemäß aufgeklärt wurde und er damit nicht wirksam in die Maßnahme einwilligen konnte, liegt zwar ein Aufklärungsfehler vor, es resultiert aber aus diesem nicht unbedingt ein Anspruch. Zu fragen ist, wie der Patient sich entschieden hätte, wenn er, entsprechend der Pflicht des Arztes aus dem Behandlungsvertrag, über sämtliche Risiken aufgeklärt worden wäre. In Fällen, bei denen eine Heilung oder Besserung der Erkrankung nicht anders als durch die vorgeschlagene Therapie hätte erreicht werden können, wird es schwerfallen zu argumentieren, dass der Patient dann „nein" zu der Maßnahme gesagt hätte. So zum Beispiel, wenn ein Patient einen Bandscheibenvorfall hat, der zu einer Blasen- und Mastdarmlähmung, einer Lähmung der Beine oder Ähnlichem geführt hat. Hier ist die einzige Therapie die Operation. In dieser Situation hätte der Patient im Normalfall auch bei Kenntnis der Risiken in die Behandlung eingewilligt.

Es ist daraus erkennbar, dass die Frage, ob ein Anspruch des Patienten gegeben ist, nicht leicht zu beantworten ist. Es muss immer der Einzelfall geprüft werden.

Wenn man meint, einen Anspruch zu haben, so ist man im Allgemeinen bemüht, eine außergerichtliche Lösung herbeizuführen. Gelingt dies nicht, so muss unter Umständen eine Klage anhängig gemacht werden, damit Ansprüche durchgesetzt werden können. Eine Haftstrafe oder ein Berufsverbot wird in einem zivilgerichtlichen Verfahren nicht ausgesprochen. Dies kann allein das Strafgericht. Der Zivilprozess ist ein Parteienprozess und regelt Ansprüche im Bürgerlichen Recht.

Der Arzt schuldet dem Patienten eine standardgemäße Behandlung und eine ordnungsgemäße Aufklärung. Die zivilrechtliche Haftung des Behandelnden kann sich damit aus zwei unterschiedlichen Gesichtspunkten ergeben, nämlich der Haftung aus einem Behandlungsfehler und/oder der Haftung aus einem Aufklärungsfehler.

Behandlungsfehler im Detail

Zu allen Zeitpunkten der Behandlung können Fehler auftreten – ganz zu Beginn bei der Diagnose, dann bei der Therapie, bei der Vor- und Nachbehandlung. Der Fehler kann einen rein medizinischen Charakter haben, sich auf organisatorische Fragen beziehen oder es kann sich um Fehler von Krankenschwestern oder anderen Personen handeln. Auch die fehlende oder unrichtige, unverständliche oder unvollständige Aufklärung über medizinische Eingriffe und ihre Folgen sowie Dokumentationsmängel können zuweilen zu den Behandlungsfehlern zählen.

Grundsätzlich kann man durch positives Tun, aber auch durch Unterlassen einen Fehler begehen. Ob sachwidrig gehandelt wurde oder eine gebotene Maßnahme unterlassen wurde macht rechtlich keinen Unterschied (BGH MDR 1989, 150). Der Behandlungsfehler kann eine falsche Diagnose oder eine unpassende oder veraltete Behandlung sein, er kann in dem Unterlassen einer gebotenen Untersuchung gesehen werden oder auch in einer unzureichenden Organisation einer Praxis oder eines Krankenhauses. Ein Behandlungsfehler kann insbesondere in folgenden Fällen gegeben sein:

Arten von Behandlungsfehlern

- Diagnosefehler
- Unterlassene Befunderhebung
- Therapiefehler
- Aufklärungs- als Behandlungsfehler

- Organisationsfehler
- (Aufklärungsfehler)

••

Diagnosefehler

In der Praxis kommen Diagnosefehler häufig vor. Dies mag verwundern, liegt aber daran, dass die Beschwerden eines Patienten nicht immer eindeutig einer Erkrankung zuzuordnen sind. Jeder Mensch ist unterschiedlich und reagiert anders. Alter, Geschlecht, Vorerkrankungen, Gewicht lassen unterschiedliche Beschwerden zu. Manche Krankheiten treten gehäuft auf und können so leichter diagnostiziert werden, andere sind selten. Manchmal sieht ein Arzt eine Erkrankung zum ersten Mal, so dass die Diagnose dann nicht gleich gestellt wird, weil er an diese gar nicht denkt. Viele Patientinnen und Patienten meinen, dass die Blinddarmentzündung eine Allerwelts-Erkrankung ist, die nicht übersehen werden kann und darf, dass es dabei nicht zu Diagnoseirrtümern kommen kann. Aber gerade diese Erkrankung tritt ganz unterschiedlich in Erscheinung – mit Fieber und ohne, mit sehr hohen oder relativ niedrigen Entzündungswerten, mit starkem und geringem Schmerz, mit Schmerzen im rechten Unterbauch oder auch im Oberbauch – und ist somit nicht einfach zu diagnostizieren. Ärzte bezeichnen sie auch als „Hure der Chirurgie". Da die Komplikationen lebensbedrohlich sein können, dann nämlich, wenn der Blinddarm platzt und sich eine Bauchfellentzündung bis hin zur Sepsis, einer generellen Blutvergiftung, entwickelt, werden viele gesunde Blinddärme entfernt, obwohl sich hinterher herausstellt, dass die Beschwerden eine ganz andere Ursache hatten. Irrtümer in der Diagnose, die objektiv auf eine falsche Interpretation von Befunden zurückgehen, können daher oft nicht als Behandlungsfehler gewertet werden (BGH Urteil vom 08.07.2003, VI ZR 304/02), sofern die falsche Interpretation, gerade in Anbetracht der Risiken wie bei der Blinddarmentzündung, vertretbar war. Dann kann man dem Arzt den Diagnoseirrtum nicht vorwerfen (OLG Koblenz, Urteil vom 29.06.2006, 5 U 1494/05), trotz einer falschen Diagnose liegt dann kein die Haftung begründender Behandlungsfehler vor.

Etwas anderes gilt für den Fall, dass der Arzt einen groben, einen sogenannten fundamentalen Diagnosefehler begangen hat. Dieser liegt dann vor, wenn die von dem Arzt gestellte Diagnose objektiv falsch war und ein sorgfältiger Arzt zu diesem Zeitpunkt diese Diagnose nicht gestellt hätte, weil sich nur eine Erkrankung aufdrängte, und er diese nicht erkannt hat. Dies zum Beispiel ist der Fall, wenn auf einem Röntgenbild eindeutig ein Knochenbruch zu sehen ist, der Arzt diesen aber in völlig unverständlicher Weise nicht erkannt hat.

Hat der Arzt nicht alle Befunde ausgewertet, diese in unvertretbarer Weise ausgewertet oder sich aufdrängende Befunde nicht erhoben, so dass er deshalb zu der falschen Diagnose gelangt ist, liegt ein vermeidbarer Diagnosefehler vor. Die Abgrenzung zwischen einer Diagnose, die sich nachträglich als falsch herausstellt und nicht unbedingt zu einer Haftung führt, und einem vorwerfbaren Behandlungsfehler, der Schadenersatzansprüche nach sich ziehen kann, ist nicht immer leicht.

Beispiel

Ein 38-jähriger Fußballspieler wird von einem anderen Spieler angerempelt und fährt im Mai in seinem offenen Cabriolet bei der Klinik vor. Er klagt über Schmerzen im linken Brustkorb und der linken Schulter. Der Arzt diagnostiziert ein Schulter-Arm-Syndrom. Der Patient bekommt ein schmerz- und entzündungshemmendes Mittel und wird zur Weiterbehandlung an den Hausarzt überwiesen. Am gleichen Tag kommt ein 65-jähriger Mann, der sich ein Fußballspiel im Fernsehen angeschaut hat, mit den gleichen Beschwerden in das Krankenhaus. Der Arzt stellt die gleiche Diagnose und verordnet die gleiche Therapie. Später stellt sich heraus, dass beide Männer einen Herzinfarkt hatten. Beide Male stellte derselbe Arzt eine Diagnose, die objektiv falsch war. Aber nur im zweiten Fall liegt auch ein Behandlungsfehler vor.

Warum ist das so? Bei dem älteren Mann hätte der Arzt unbedingt an einen Herzinfarkt denken, ein EKG schreiben und Laborwerte bestimmen müssen, um diesen Verdacht abzuklären. Dass er das nicht getan hat, zieht rechtlich Folgen nach sich. Schließlich ist davon auszugehen, dass die richtige Diagnose gestellt worden wäre, wenn er diese Untersuchungen durchgeführt hätte.

In dem Fall des jungen Mannes drängte sich der Verdacht auf einen Herzinfarkt nicht auf – es lag nahe, dass er beim Anrempeln verletzt worden war und die Zugluft im Cabrio die Nerven zusätzlich gereizt hat. Darüber hinaus war er jung und sportlich. Dem Arzt kann hier kein Vorwurf gemacht werden, auch wenn die von ihm gestellte Diagnose sich objektiv als falsch erwiesen hat. Es ist richtig, wenn er nach Auswertung der Vorgeschichte und der Untersuchungsergebnisse zunächst davon ausgeht, dass die wahrscheinlichste Diagnose vorliegt – und das ist bei einem gesunden jungen Mann, der Sport treibt und dabei verletzt worden ist, nicht der Herzinfarkt. Das gilt so lange, bis Hinweise dafür auftauchen, dass die ursprüngliche Diagnose doch nicht richtig ist. Dann muss der Arzt sie infrage stellen und die aufgetretenen Widersprüche aufklären. Käme der junge Mann zwei Tage später erneut mit einem nahezu vernichtenden Schmerz in der Brust und der Schulter und mit instabilem Kreislauf in die Notaufnahme, so müsste der Arzt abklären, ob ein Herzinfarkt vorliegt. Tut er das nicht, wäre das dann ein Fehler.

Unterlassene Befunderhebung

Die Rechtsprechung ist zurückhaltend, wenn es darum geht, einen Diagnoseirrtum als vermeidbaren Behandlungsfehler zu bewerten. Anders ist das, wenn der Arzt nicht alle notwendigen Untersuchungen durchgeführt hat und deshalb eine falsche Diagnose gestellt hat. Die Untersuchungen haben sich in der Situation aufgedrängt und waren notwendig, und wenn er sie gemacht hätte, dann hätte er auch die richtige Diagnose gestellt. Solche Fälle werden rechtlich anders bewertet als der gewöhnliche Diagnosefehler. Das beruht auf folgender Überlegung: Bevor der Arzt den Patienten behandeln kann, muss er sich einen Überblick verschaffen. Er muss mit dem Patienten sprechen und ihn sorgfältig untersuchen, um dann sagen zu können, an welcher Krankheit er leidet. Erst dann kann die Behandlung beginnen. Fehler bei der Untersuchung des Patienten auf dem Weg zur Diagnose können dazu führen, dass frühzeitig die Weichen für die Behandlung falsch gestellt werden. Hätte der Arzt im Beispiel des 65-Jährigen ein EKG geschrieben, wären darauf sicher die Zeichen des Herzinfarkts deutlich zu erkennen. Auch die Blutuntersuchung hätte unverkennbare Hinweise darauf geliefert. Würde der Arzt diese Befunde falsch auswerten und weiter von einem Schulter-Arm-Syndrom ausgehen, so verstieße er gegen elementare Regeln. Es würde ein fundamentaler, nicht zu rechtfertigender Diagnoseirrtum vorliegen, der eine Haftung begründet. Den Arzt, der nicht richtig diagnostiziert hat, hier zu privilegieren und ihn ohne Haftung zu entlassen, wäre ungerecht.

Diese Befunderhebungsfehler sind im Arzthaftungsbereich zunehmend von besonderer Bedeutung, weil sie unter Umständen die Beweislast zugunsten des Patienten umkehrt. Dazu aber später.

Therapiefehler

Ist die Diagnose korrekt, aber die Behandlung nicht, sprechen wir von einem Therapiefehler. „Das konnte doch nichts bringen", sagt der Patient – meist jedoch erst hinterher, wenn das Kind bereits in den Brunnen gefallen ist, es dem Patienten immer noch nicht besser geht, trotz Therapie. Ganz so einfach ist es aber nicht. Oft gibt es zu einer Diagnose verschiedene Behandlungen. Die Lehrmeinungen, was wann zu tun ist, können sehr weit auseinandergehen. Die jeweiligen Behandlungsmöglichkeiten können jede für sich richtig sein, da es für die meisten Erkrankungen nicht nur allein eine richtige Behandlung gibt. Bei der Wahl der Therapie ist dem Arzt ein weites Ermessen eingeräumt. Ihm steht seine grundrechtlich und durch die Berufsordnung der Ärzte geschützte Therapiefreiheit zur Seite. Er entscheidet.

Therapiefreiheit

Der Arzt ist in der Wahl der Therapie aber nur dann frei, ohne Rücksprache mit dem Patienten halten zu müssen, wenn für eine Therapie mehrere gleichwertige Methoden zur Verfügung stehen, die sich hinsichtlich der Risiken und Erfolgsaussichten nicht unterscheiden. Gerade in den operativen Gebieten ist das häufig. Es gibt zum Beispiel für die Operation der Hammerzehe viele unterschiedliche Operationsmethoden, die im Ergebnis und bezüglich der Risiken gleichwertig sind. Je nachdem, welche Methode der Arzt gelernt hat, mit welcher er viel Erfahrung hat, darf er sich für die eine oder andere Methode entscheiden, auch ohne mit dem Patienten darüber vorher gesprochen zu haben. Auch bei der Versorgung von Knochenbrüchen existieren viele verschiedene gleichwertige Versorgungsformen. Es können Platten eingebracht, der Bruch kann aber auch genagelt werden. Wie der Arzt operativ vorgeht, liegt in seinem Ermessen.

Grenzen der Therapiefreiheit

Natürlich sind dem Arzt Grenzen in seiner Therapiefreiheit gesetzt. So beispielsweise, wenn neben der operativen Behandlung auch ein Gips angelegt werden kann. Nicht jeder Knochenbruch muss operativ versorgt werden und nicht bei jedem Rückenschmerz ist das schneidende Messer des Arztes die einzige Therapie. Die konservative Therapie ist verständlicherweise nicht gleichzusetzen mit einer operativen. Die Erfolgsaussichten können bei einer konservativen Behandlung oft genauso gut sein, wie bei einer Operation. Es dauert aber oft länger, bis sich ein Erfolg einstellt. Dafür sind die Risiken deutlich geringer. Man spricht hier von Behandlungsalternativen. In derartigen Fällen hat selbstverständlich der Patient und nicht der Arzt die Wahl, für welche Behandlung er sich entscheidet. Aufgabe des Arztes ist es, dem Patienten die Risiken und die Erfolgsaussichten der in Frage kommenden Behandlungsalternativen zu erklären. Der Patient muss dann das Für und Wider der alternativen Behandlungsmöglichkeiten für sich abwägen und sich dann entscheiden.

Die Therapiefreiheit des Arztes erlaubt ihm vieles, aber alleine bestimmen, was getan wird, darf er meistens nicht. Auch bei der Wahl der Medikamente zum Beispiel muss er den Patienten in aller Regel aufklären und darf nur mit seinem Einverständnis handeln. Er muss ihm die Risiken der vorgeschlagenen Behandlung erläutern. Die Behandlungsmöglichkeiten gehen aber noch weiter: Grundsätzlich darf der Arzt dem Patienten Medikamente außerhalb der empfohlenen Dosierung verabreichen. Ebenfalls zulässig sind Heilversuche mit einem nicht zugelassenen Medikament oder mit einem zugelassenen Medikament, das außerhalb des Bereichs, für das es zugelassen ist, angewandt wird. Man spricht hier vom sogenannten Off-Label-Use.

In all diesen Fällen muss der Arzt den Patienten jedoch darüber aufklären, was er für sinnvoll hält, mit welchen Risiken die vorgeschlagene Behandlung verbunden ist und welche Behandlungsalternativen es gibt. Entscheiden muss der Patient. Nur so kann dieser sein Selbstbestimmungsrecht wahrnehmen. So muss der Arzt dem Patienten sagen, warum von einer Regel-Dosierung abgewichen wird. Dies kann der Fall sein, wenn ein Patient ein Antibiotikum gegen eine Entzündung nehmen soll, aber seine Nierenfunktion eingeschränkt ist, so dass das Medikament verspätet ausgeschieden wird. Dann muss er das Medikament niedriger dosieren, als auf der Packungsbeilage empfohlen. Der Arzt muss dem Patienten auch mitteilen, wenn er ihm ein Medikament verschreibt, das offiziell für seine Erkrankung nicht zugelassen ist. Wenn ein Medikament nämlich nicht zugelassen ist, so weiß man auch nicht, welche Nebenwirkungen, welche Gefahren es in sich birgt. Darüber muss der Patient informiert werden. Gerade in den Bereichen der Krebstherapie, der Nervenerkrankungen sowie der Kinderheilkunde gehört der Off-Label-Use mittlerweile zu einem unverzichtbaren Bestandteil der Therapien. Der medizinische Fortschritt entwickelt sich schneller, als die neuen Medikamente zugelassen werden können. In solchen Fällen ist die Anwendung eines bestimmten Arzneimittels außerhalb des eigentlichen Zulassungsbereichs medizinisch sinnvoll. In manchen Konstellationen sind Ärzte sogar dazu verpflichtet einen Off-Label anzuwenden (OLG Köln, VersR 1991, 186 „Aciclovir-Entscheidung").

Auch Außenseitermethoden sind nicht grundsätzlich abzulehnen, sofern diese einen gewissen Erfolg versprechen und der Patient nach einer ordnungsgemäßen Aufklärung in diese einwilligt. Eine häufig als „Alternative Therapie" bezeichnete Methode ist beispielsweise der Einsatz von Immunstimulantien wie Misteln, Eigenblutgabe und der Einsatz anderer homöopathischer Mittel. Rechtlich darf der Arzt das alles. Er muss dann aber mit dem Patienten sprechen, damit dieser weiß, worauf er sich einlässt.

Natürlich darf der Arzt keine veraltete Therapie anwenden und begeht einen vermeidbaren Behandlungsfehler, wenn neue Methoden risikoärmer sind oder bessere Heilungschancen versprechen. So gehört es mittlerweile zum medizinischen Standard, die Gallenblase bei Gallensteinkranken mit der sogenannten Knopflochchirurgie zu entfernen. Dabei werden die Operationsinstrumente durch ganz kleine Schnitte am Bauch in den Bauchraum eingebracht. Mit einer Kamera, die auch im Bauchraum ist, wird dabei quasi von außen operiert. Die Zeit, da Chirurgen große Schnitte machten, zum Beispiel einen langen Rippenbogenrandschnitt, der nicht nur eine unansehnliche Narbe zurücklässt, ist damit vorbei. Wenn ein Arzt die Gallenblase nun gleich mittels eines großen Schnitts am Bauch operieren würde, so würde er eine veraltete Methode anwenden und damit fehlerhaft handeln.

Aufklärungs- als Behandlungsfehler

Der Erfolg einer Behandlung hängt naturgemäß auch maßgeblich davon ab, dass der Patient das Seine dazu beiträgt, wieder gesund zu werden. Dafür muss der Patient aber wissen, was er tun muss, und er muss es auch tun können. Die beste operative Versorgung eines Knochenbruchs nützt nichts, wenn der Patient nicht weiß, dass er das Bein noch nicht voll belasten darf oder zu einer Teilbelastung nicht in der Lage ist.

Welche Befunde sind wann zu kontrollieren? Wann muss kontrolliert werden, wie hoch die Konzentration des Medikaments im Blut ist, damit der Patient keine Vergiftung erleidet? Wann darf der Patient das letzte Mal essen oder trinken vor einer Magen- oder Darmspiegelung, damit er nicht durch die Narkose oder die eingesetzten Medikamente in Gefahr gerät? Welche Nebenwirkungen können durch ein Medikament auftreten und wie machen sich diese bemerkbar? All das weiß der Patient nicht. Klärt der Arzt seinen Patienten über die Notwendigkeit seiner Mitwirkung nicht auf oder wählt er eine Therapie, an der der Patient nicht mitwirken kann, so liegt darin ein Behandlungsfehler – auch wenn der Arzt ansonsten dem ärztlichen Standard gefolgt ist. Ein Patient, der plötzlich Blitze sieht, geht zum Augenarzt. Dieser stellt nichts Auffälliges fest. Es kann sich aber auch später noch eine Netzhautablösung ausbilden, für die die Blitze Leitsymptom sind. In diesem Fall muss der Arzt dem Patienten mitteilen, was er tun muss, wenn die Beschwerden zunehmen, damit er zügig noch einmal einen Augenarzt aufsucht und nicht bis zum vereinbarten Kontrolltermin wartet – dann könnte es zu spät sein, und die Schäden wären irreparabel.

Organisationsfehler

Krankenhäuser und niedergelassene Ärzte müssen alles dafür tun, dass Patientinnen und Patienten ordnungsgemäß versorgt werden können. Mit dem vorhandenen Personal und Geräten muss sichergestellt werden, dass die Aufgaben entsprechend dem medizinischen Standard wahrgenommen werden können. So geht es nicht, dass in einem Notfall der Schlüssel für den Operationssaal nicht auffindbar ist; dass keine Hilfe kommt, weil die Klingelanlage nicht funktioniert; dass kein Arzt oder Pfleger da ist, der bei einer Operation assistieren kann, oder dass das EKG einen Funktionsausfall hat. Auch muss der Patient, der nach einer Operation oder einer Untersuchung noch sediert ist oder aus der Narkose aufwacht, überwacht werden, damit er nicht aus dem Bett fällt oder die Einrichtung unter Medikamenteneinfluss verlässt. Auch die Einhaltung der Hygienevorschriften gehört zu den Organisationspflichten eines Krankenhauses und einer Praxis. Es gibt viele Organisationspflichten, die nicht alle dargestellt werden können, die jedoch alle dem Schutz des Patienten dienen. Werden diese verletzt, so kann daraus eine Haftung resultieren, wenn der Patient einen Schaden erleidet.

Aufklärungsfehler

Der Arzt muss den Patienten aufklären. Die ordnungsgemäße Aufklärung stellt – neben einer dem medizinischen Standard entsprechenden Behandlung – die andere Hauptpflicht des Behandlungsvertrags dar. „Voluntas aegroti suprema lex", der Wille des Patienten ist oberstes Gebot. Der Patient muss entscheiden, er muss sein Selbstbestimmungsrecht wahrnehmen können. Der Patient ist nicht ein Objekt, über das die Ärzte entscheiden, er ist das Subjekt, das selbst entscheidet, ob und wie seine Krankheit behandelt werden soll.

Das Selbstbestimmungsrecht ist durch die ersten beiden Artikel unseres Grundgesetzes geschützt: Artikel 1 garantiert die Würde des Menschen, Artikel 2 Absatz 2 sein Recht auf körperliche Unversehrtheit. Der Wille des Patienten hat Vorrang vor der ärztlichen Entscheidung, auch wenn dieser Wille nicht nachvollziehbar und seine Entscheidung völlig unverständlich ist und auch dann, wenn die ärztliche Maßnahme noch so sinnvoll scheint. Die Forderung, dass der Patient aufgeklärt werden muss und selbst entscheidet, ist älter als das Grundgesetz und geht zurück auf ein Urteil des Reichsgerichts aus dem Jahre 1894. In diesem Urteil wurde erklärt, dass der ärztliche Heileingriff, auch wenn er kunstgerecht und dem ärztlichen Standard entsprechend durchgeführt wurde, grundsätzlich den Tatbestand der Körperverletzung erfüllt, es sei denn, dass der Patient in diesen wirksam eingewilligt hat. Die in diesem Urteil formulierten Grundsätze gelten bis heute. Und damit der Patient wirksam einwilligen und so sein Selbstbestimmungsrecht wahrnehmen kann, muss er ordnungsgemäß aufgeklärt werden.

Das Problem ist, dass es keine festen Regeln für eine ordnungsgemäße Aufklärung gibt. Aber damit Patientinnen und Patienten autonom und frei entscheiden können und ihre leiblich-seelische Integrität gewahrt bleibt, müssen sie erfahren, welche Möglichkeiten der Behandlung es gibt, welche Erfolgsaussichten und welche Risiken bestehen. Gibt es mehrere Methoden zur Behandlung einer Erkrankung, müssen sie auch darüber aufgeklärt werden, welche Alternativen es zu der vom Arzt vorgeschlagenen Behandlung gibt. Diese Aufklärung soll es ihnen ermöglichen, eigenverantwortlich zu entscheiden, ob sie sich behandeln lassen und auf welche Weise. Nur dann können Patienten wirksam in die Behandlung einwilligen.

Die Aufklärung muss rechtzeitig erfolgen

Im Einzelnen: Das Patientenrechtegesetz verlangt, dass die Aufklärung immer einzelfallbezogen sein muss. Sie muss rechtzeitig und verständlich erfolgen. Das kann sie nur, wenn sie mündlich erfolgt. Nur so kann sichergestellt werden, dass die besonderen Umstände bei der Behandlung eines konkreten Patienten, seine Wünsche, Fragen und Bedürfnisse berücksichtigt werden können. Ob die Aufklärung ordnungsgemäß erfolgt ist, kann allein im Einzelfall beurteilt werden. Denn was ist beispielsweise „rechtzeitig"? Die Rechtzeitigkeit orientiert sich vor allem an der Art und der Dringlichkeit des Eingriffs. Grundsätzlich gilt, dass die Aufklärung so früh wie möglich zu erfolgen hat. In der Regel reicht es, wenn der Patient 24 Stunden vor einem Eingriff aufgeklärt wird. Bei einfachen Eingriffen genügt damit die Aufklärung am Vortag. Bei ambulanten Eingriffen kann die Aufklärung auch noch am Tage des Eingriffs genügen, sofern es sich um einen Routineeingriff handelt. Für das Legen einer Spirale trifft das zum Beispiel zu. Von dieser 24-Stunden Regel kann und muss auch abgewichen werden. Wenn der Eingriff dringlich ist, wie bei einer Blinddarmentzündung, ist eine Aufklärung von 24 Stunden vorher weder möglich noch nötig. Bei Eingriffen, die nicht medizinisch indiziert sind, sind 24 Stunden hingegen nicht ausreichend. Bei einer Schönheitsoperation zum Beispiel geht der Patient mit dem Eingriff ein Risiko ein, ohne dass aus ärztlicher Sicht hierfür eine Notwendigkeit besteht. In einem derartigen Fall muss dem Patienten deutlich mehr Zeit zum Überlegen eingeräumt werden.

In weniger dringlichen Situationen muss dem Patienten genügend Zeit eingeräumt werden, damit er sich ohne Zeitdruck Gedanken über das Für und Wider der Behandlung machen kann. Der zeitliche Abstand zum Beginn der Operation muss so groß sein, dass der Patient die Möglichkeit hat, sich aus dem Geschehen zu lösen, er muss noch die Notbremse ziehen und sich gegen den vorgeschlagenen Eingriff entscheiden können. Eine Aufklärung vor der Tür zum Operationssaal scheidet damit selbstverständlich aus. In dieser Situation kann der Patient sich nämlich nicht mehr aus dem Ablauf der Operationsvorbereitungen lösen. Genauso ist eine Aufklärung nicht ordnungsgemäß, nachdem der Patient bereits ein beruhigendes Medikament erhalten hat, da er in dieser Situation in seinen Denkvorgängen beeinflusst ist.

Gut zu wissen

Als Orientierungsregel kann man formulieren, dass die Aufklärung bei Wahleingriffen, die gegebenenfalls auch verschoben werden können, am Tag vor der Operation erfolgen muss. Bei dringlichen Operationen, die in Notfällen zur Rettung des Patienten schnellstmöglich erfolgen müssen, verkürzt sich die Frist. Bei ambulanten Routineoperationen kann der Patient auch noch am Operationstag aufgeklärt werden, da es hier einfacher ist, sich aus dem geplanten Ablauf zu lösen.

Die Aufklärung kann nicht delegiert werden

Grundsätzlich trifft die Aufklärungspflicht den Arzt. Aufklären muss nicht zwar nicht derjenige Arzt, der den Eingriff vornimmt, aber er hat die ordnungsgemäße Aufklärung sicherzustellen. Er kann die Aufklärung auf einen anderen Arzt übertragen, der zu dem Eingriff befähigt ist, aber nicht auf eine Schwester oder den Pfleger. Wenn die Schwester oder die Arzthelferin zu dem Patienten kommt und etwas über den bevorstehenden Eingriff erzählt, ist das keine ordnungsgemäße Aufklärung.

Die eigentliche Aufklärung erfolgt im Gespräch, aber zu Beweiszwecken wird das Aufklärungsgespräch meist schriftlich dokumentiert. Die Dokumentation dient der Beweisführung dafür, dass der Arzt mit dem Patienten gesprochen hat. Denn anders als beim Behandlungsfehler, den der Patient nachweisen muss, trifft die Beweislast für die ordnungsgemäße Aufklärung des Patienten und seine wirksame Einwilligung den Arzt. Kann er dies im Prozess nicht zweifelsfrei beweisen, geht das Gericht zunächst davon aus, dass die Behandlung rechtswidrig war, weil der Patient nicht eingewilligt hat.

Für eine ordnungsgemäße Aufklärung reicht es nicht aus, dem Patienten einfach einen Aufklärungsbogen, in dem der Eingriff und seine Risiken erläutert sind, zum Durchlesen und Unterschreiben mitzugeben. Diese Bögen können das Gespräch mit dem Arzt nicht ersetzen. Zur Vorbereitung des Gesprächs kann der Arzt dem Patienten einen derartigen Bogen geben. Der Arzt hat sich aber in jedem Fall davon zu überzeugen, dass der Patient den Bogen gelesen und verstanden hat. Sind anschließend noch Fragen offen, müssen diese besprochen werden. Wenn handschriftliche Eintragungen auf dem Einverständnisformular sind, so wird im Allgemeinen davon ausgegangen, dass ein Gespräch stattgefunden hat.

Die Aufklärung muss realitäts- und praxisnah erfolgen

Gerade bei einer Behandlung mit schwerwiegenden Risiken muss dem Patienten realitätsnah und praxisbezogen beschrieben werden, wie sich sein tägliches Leben verändern wird, wenn es zu einer Komplikation kommt. Die lapidare Formulierung, dass möglicherweise der Nerv geschädigt wird, reicht nicht aus. Vielmehr muss der Arzt dem Patienten erläutern, um welchen Nerv es sich handelt, der verletzt werden kann und vor allem, mit welchen Folgen dann zu rechnen ist.

So muss vor einer Hämorrhoiden-Operation nicht nur erörtert werden, dass die Gefahr besteht, dass der Schließmuskel verletzt wird. Mit dieser Information allein kann der Patient noch nichts anfangen. Der Arzt muss ihm auch erklären, dass er bei einer Verletzung des Schließmuskels dauerhaft inkontinent werden kann.

Bei einer Schilddrüsenoperation, die eine Routineoperation ist und täglich hundertfach durchgeführt wird, muss geschildert werden, dass es dabei zur Verletzung des Stimmbandnervs kommen kann. Auch hier kann der Patient mit dieser Information allein nichts anfangen. Der Arzt muss deshalb auch erklären, dass wenn der Stimmbandnerv verletzt ist, der Patient nicht nur dauerhaft heiser und er beim Sprechen eingeschränkt sein kann, sondern dies möglicherweise auch seine körperliche Leistungsfähigkeit und seine Atmung stark beeinträchtigt.

Das sind Komplikationen, die sich nachhaltig auf die Lebensqualität des Patienten auswirken. Erst wenn der Patient diese Risiken und ihre Auswirkungen für ihn kennt, kann er sich eigenverantwortlich für oder gegen die vorgeschlagene Behandlung entscheiden.

Gut zu wissen

Es geht dabei nicht darum, den Patienten mit allen medizinischen Details zu konfrontieren. Es reicht aus, dass dem Patienten im „Großen und Ganzen" ein Bild von der Schwere und der Richtung der Risiken bei der vorgeschlagenen Behandlung vermittelt wird. Er muss wissen, welche Folgen die Risiken der Behandlung für ihn haben können.

Wie häufig es zu einer bestimmten Komplikation kommt, ist für die Frage, ob darüber aufzuklären ist, irrelevant. Je tiefgreifender das Leben des Patienten im Falle einer Komplikation beeinträchtigt ist, desto intensiver ist dieses Risiko zu erläutern. Der Arzt muss daher auch über selten auftretende Risiken aufklären.

Auch über die Möglichkeit, dass eine Naht undicht sein und das eine weitere Operation erforderlich machen kann, ist aufzuklären. Oder dass es nach Injektionen in das Kniegelenk zu Infektionen kommen kann, die das ganze Kniegelenk zerstören. Sicherlich sind diese Komplikationen sehr selten, aber sie bringen nachhaltige Folgen mit sich, sodass der Patient wissen muss, was passieren kann. Nur so kann er sich überlegen, ob er das Risiko eingehen will oder auch nicht, nur dann kann er abwägen.

Dass Operationen nicht ohne Risiko sind, ist allgemein bekannt. Über die Risiken, die der Patient selber kennt, muss er nicht aufgeklärt werden. Das jedem chirurgischen Eingriff anhaftende Risiko einer übermäßigen Narbenbildung, darf unerwähnt bleiben. Etwas anderes gilt nur, wenn es sich um einen schönheitschirurgischen Eingriff handelt. Da ist die Gefahr einer unschönen Narbe ein wesentlicher Entscheidungsfaktor für den Patienten. Darüber, dass Bluttransfusionen nötig werden können, muss nicht immer aufgeklärt werden, vor allen wenn das Blutungsrisiko bei bestimmten Operationen extrem gering ist. Aber bei Hüftoperationen ist das Blutungsrisiko recht hoch, weshalb über eine Transfusion schon gesprochen werden muss. Dann ist auch über die Möglichkeit einer Eigenblutspende aufzuklären.

Die Aufklärung muss Behandlungsalternativen umfassen

Der Arzt muss auch über alternative Behandlungsmöglichkeiten aufklären. So kann eine vergrößerte Schilddrüse operiert, häufig aber auch medikamentös behandelt werden. Ist eine medikamentöse Behandlung möglich, stellt sie eine Behandlungsalternative dar. Welche von mehreren Möglichkeiten zur Behandlung ergriffen wird, soll der Patient entscheiden. Dies kann er nur, wenn er vom Arzt darüber aufgeklärt wird, was für die eine oder die andere Behandlungsmöglichkeit spricht. Für die medikamentöse Behandlung der vergrößerten Schilddrüse spricht zum Beispiel, dass der Patient dadurch das mit der Operation verbundene Risiko vermeidet, dass eines oder beide Stimmbänder verletzt werden. Für die Operation spricht, dass es nach der medikamentösen Behandlung häufig zu Neubildungen kommt. Auch ist das Risiko nicht auszuschließen, dass sich ein Schilddrüsenkrebs bildet. Beide Methoden haben ihre eigenen Vor- und Nachteile, über die der Patient aufgeklärt werden muss.

Behandlungsalternativen, über die aufgeklärt werden muss, gibt es für viele Erkrankungen: Manche Knochenbrüche können, müssen aber nicht operiert werden. Eine Vollprothese im Mund wäre eine Alternative zum Implantat.

Im Prozess muss der Patient beweisen, dass es alternative Behandlungsmöglichkeiten gibt. Dazu kann sich ein Sachverständiger äußern. Ist diese Frage geklärt, muss der Arzt beweisen, dass er den Patienten über die in Frage kommenden Behandlungsalternativen aufgeklärt hat und dass der Patient sich für die Behandlung entschieden hat, die dann auch durchgeführt wurde.

Bei der Prüfung, ob eine ordnungsgemäße Aufklärung stattgefunden hat, ist immer auch die besondere Situation des Patienten vor einer Maßnahme zu berücksichtigen. Der Patient befindet sich vor einem medizinischen Eingriff in einer Ausnahmesituation. Wird die Operation klappen, wird es bei der Narkose Probleme geben oder nach der Operation? In dieser Situation versuchen die meisten Patienten, die Risiken beiseite zu schieben und optimistisch nach vorn zu schauen. Was sie wahrnehmen und was sie erinnern ist durch die Ausnahmesituation eingeschränkt. Nicht selten wissen Patienten hinterher gar nicht mehr, worüber der Arzt vorher mit ihnen gesprochen hat. Oft gibt es Patienten, die erklären, dass niemand sie aufgeklärt hätte. Und dann existiert in den Behandlungsunterlagen ein sechsseitiger Aufklärungsbogen mit vielen handschriftlichen Notizen des Arztes und der Unterschrift des Patienten. Das ist keine böse Absicht, zeigt aber, dass sich die Gnade des Vergessens in solchen extremen Situationen relativ schnell über die Erinnerung der Patienten legt.

Ausnahmen von der Aufklärungspflicht

Wie fast immer im Leben gibt es auch Ausnahmen von der Regel, dass Patientinnen und Patienten immer aufzuklären sind. Der Patient muss nicht aufgeklärt werden, wenn das gar nicht möglich ist. So zum Beispiel bei einer Notoperation. In dringenden Notfällen kann der Arzt häufig gar nicht aufklären, weil sofort operiert werden muss, jede Verzögerung gefährdet Leben oder Gesundheit des Patienten, der mit der Aufklärung verbundene Zeitverlust ist dann nicht hinnehmbar. Oft ist der Patient bereits bewusstlos, wenn er ins Krankenhaus eingeliefert wird. Wenn das Leben des Patienten bedroht ist, kann man davon ausgehen, dass er eingewilligt hätte. In der Sprache der Juristen heißt das „mutmaßliche Einwilligung". An diese mutmaßliche Einwilligung sind strenge Anforderungen zu stellen. Sie rechtfertigt sich aus der Überlegung, dass man im Normalfall davon ausgehen kann, dass der Patient sich für eine lebensrettende Maßnahme entschieden hätte.

Wenn man von einer mutmaßlichen Einwilligung ausgeht, ist auf frühere mündliche oder schriftliche Äußerungen des Patienten, insbesondere einer Patientenverfügung, auf seine religiöse Überzeugung und seine altersbedingte Lebenserwartung zu achten. Auch Gespräche mit Angehörigen können dabei sehr nützlich sein.

Grundsätzlich gilt, dass eine mutmaßliche Einwilligung vorliegt, wenn angenommen werden kann, dass ein verständiger Kranker in dieser Lage bei ordnungsgemäßer Aufklärung in den Eingriff eingewilligt hätte.

Wird ein bewusstloser Patient, der viel Blut verloren hat, in ein Krankenhaus eingeliefert, dürfen die Ärzte davon ausgehen, dass er mit einer Bluttransfusion einverstanden gewesen wäre, die vielleicht sein Leben rettet. Anders stellt sich die Frage nach der mutmaßlichen Einwilligung dar, wenn im Krankenhaus bekannt ist, dass dieser Patient zu den Zeugen Jehovas gehört und Bluttransfusionen aus religiösen Gründen grundsätzlich ablehnt. Auch dann, wenn die Bluttransfusion für ihn lebenswichtig ist, können die Ärzte nicht mehr ohne weiteres davon ausgehen, dass der Patient – wäre er dazu in der Lage – der Transfusion zugestimmt hätte. Da keine Einwilligung des Patienten vorliegt und weil in dieser besonderen Situation auch nicht davon ausgegangen werden kann, dass der Patient zugestimmt hätte, darf die Transfusion nicht erfolgen.

Sonderfall „Behandlungserweiterung"

Und was passiert, wenn der Arzt während der Operation eine andere Situation vorfindet als die, auf die er sich vorbereitet hatte, und er den Patienten nicht darüber aufklären kann, dass er die Maßnahme erweitern muss – zum Beispiel weil dieser in der Narkose ist? Zum Beispiel, weil der Hals-Nasen-Ohren-Arzt nicht nur einen, sondern zwei Polypen findet und der obere Polyp nur durch eine Operation am Siebbein erreichbar ist? Einen Polypen am Siebbein, das die Nasenhöhle von der Schädelhöhle, in der das Gehirn liegt, abgrenzt, zu entfernen, birgt ein erheblich größeres Risiko als die Operation, über die er mit seinem Patienten gesprochen hat. Wird das Siebbein verletzt, besteht die Gefahr einer Hirnhautentzündung, in seltenen Fällen mit schwerwiegenden Folgen. Was soll der Arzt in einem solchen Fall tun? Oder wenn sich während einer Operation herausstellt, dass man auf einen künstlichen Darmausgang nun doch nicht verzichten kann, was aber vorher nicht absehbar war, weshalb der Patient darüber auch nicht aufgeklärt wurde?

Auch hier ist die Sicherung des Selbstbestimmungsrechts des Patienten entscheidend. Ohne seine Zustimmung geht es nicht. Die Operation darf erst dann erweitert werden, wenn der Patient darüber aufgeklärt wurde und ein-gewilligt hat. Auch wenn er deshalb mit zwei Operationen, zwei Narkosen und dem zweifachen Operationsrisiko belastet wird. Der Arzt muss die Operation abbrechen, aufklären und gemeinsam mit dem Patienten beschließen, einen weiteren Eingriff durchzuführen. Eine mutmaßliche Einwilligung kann nicht angenommen werden.

Etwas anderes gilt nur bei einer ganz geringfügigen Erweiterung des chirur-gischen Eingriffs. Da kann der Arzt von einer mutmaßlichen Einwilligung ausgehen, also dass der Patient eingewilligt hätte, wenn er vorher über die mögliche Erweiterung aufgeklärt worden wäre.

Was geschieht bei unterlassener Aufklärung?

Was ist, wenn der Patient gar nicht aufgeklärt worden ist, obwohl kein Notfall vorlag, und trotzdem operiert wurde? Dies ist der häufigste Fall. Man mag meinen, dass dann der Arzt zum Schadenersatz verpflichtet ist. Das ist aber nicht so. Allein aus dem Umstand, dass eine Aufklärung notwendig gewesen wäre, diese aber nicht ordnungsgemäß durchgeführt wurde, folgt nicht, dass der Patient einen Anspruch gegen den Arzt hat, der nunmehr wegen der Fol-gen des „rechtswidrigen" Eingriffs haftet. Das wäre auch nicht sachgerecht.

Der Arzt kann sich in einem derartigen Fall darauf berufen, dass der Patient eingewilligt hätte, wenn er denn aufgeklärt worden wäre. Dafür spricht die Tatsache, dass nur wenige Patienten, die korrekt aufgeklärt werden, in die vorgeschlagene Behandlung nicht einwilligen. Beruft sich der Arzt im Prozess darauf, dass der Patient auch nach Aufklärung eingewilligt hätte, kann nachträglich nicht mehr geklärt werden, wie der Patient sich tatsächlich entschieden hätte. Menschlich ist es völlig verständlich, wenn der Patient später sagt: Wenn ich gewusst hätte, worauf ich mich einlasse, hätte ich die Operation nie machen lassen. Aber diese Aussage hilft nicht weiter, weil es darauf ankommt, wie er sich vor der Behandlung entschieden hätte – als er noch nicht wusste, dass es zu Komplikationen kommen würde.

Die Gerichte lösen dieses Problem anders. In dieser Situation wird der Patient zwar vom Gericht dazu angehört, wie er sich entschieden hätte. Der Patient muss das Gericht aber nun davon überzeugen, dass er – wäre er aufgeklärt worden – in einen Entscheidungskonflikt gekommen wäre und die Entscheidung nochmals auf den Prüfstand gestellt hätte.

Jede Operation birgt ein Risiko, und wenn es ganz dumm läuft, steht auch bei einem kleinen Eingriff manchmal das Leben oder die Gesundheit auf dem Spiel, und selbst einfache Medikamente können schwere Nebenwirkungen haben. Vielleicht hätte der Patient sich eine Zweitmeinung eingeholt, wäre noch einmal zu seinem Hausarzt gegangen, hätte auf den Eingriff verzichtet oder ihn auf später vertagt. Vielleicht hätte er ihn in einer spezialisierten Klinik durchführen lassen. Menschlich ist es völlig verständlich, wenn der Patient später sagt: Wenn ich gewusst hätte, worauf ich mich einlasse, hätte ich die Operation nie machen lassen. Doch ist in diesen Fällen zu ermitteln, was passiert wäre, wenn der Arzt den Patienten aufgeklärt hätte. Im Kern geht es darum, dass der Patient das Gericht davon überzeugen muss, dass er – hätte man ihn aufgeklärt – nicht einfach dem Eingriff zugestimmt hätte, sondern die Entscheidung noch einmal ernsthaft auf den Prüfstand gestellt hätte. Wenn bei einem Patienten ein Eingriff absolut indiziert ist, es die einzige sinnvolle Therapie ist, so wird er seinen Entscheidungskonflikt nur sehr schwer darlegen können.

Aber es kann auch anders kommen. Vom Bundesgerichtshof wurde einmal ein Fall entschieden, bei dem ein Mann regelmäßig Blut gespendet hat. Einmal kam es dabei zu einer Verletzung eines Nervs, der zu Schmerzen bis hin zur Berufsunfähigkeit führte. Über dieses sehr seltene Risiko war der Mann aber nicht aufgeklärt worden. Der Bundesgerichtshof ging davon aus, dass er die Blutspende nicht gemacht hätte, wenn er über dieses Risiko aufgeklärt worden wäre. Gerade bei allein fremdnützigen Spenden müsse man von einem Entscheidungskonflikt ausgehen. Es bestand demnach ein Schadenersatz-anspruch.

Kausalität – Der Zusammenhang zwischen Fehler und Schaden

Entschädigt werden sollen Patientinnen und Patienten für die Schäden, die der Arzt durch eine fehlerhafte Behandlung verursacht hat. Welche Schäden Folge des Fehlers sind, ist häufig extrem schwierig zu klären.

Gehen wir also zunächst davon aus, dass nachgewiesen werden kann, dass der Arzt seine Pflicht aus dem Behandlungsvertrag verletzt hat. Er hat den Patienten fehlerhaft behandelt oder ihn nicht aufgeklärt. Aber das reicht nicht aus, um Schadenersatzansprüche zu begründen: Es ist erforderlich, dass es durch den Fehler zu einem Schaden gekommen ist. Wenn Sie sich im Straßen-verkehr befinden und es beinahe zu einem Unfall kommt, weil Ihnen jemand die Vorfahrt genommen hat, aber Ihnen bis auf einen Schrecken nichts passiert ist, so hat der andere zwar einen Fehler gemacht, aber der hat zu keinem Scha-den bei Ihnen geführt. Einen Unfall hat es ja nicht gegeben. Es besteht kein Anspruch. Im Arzthaftungsrecht gilt das gleiche. Ist geklärt, dass ein Behand-lungsfehler vorliegt, muss der Patient nachweisen, dass er einen Gesundheits-schaden erlitten hat. Den Schaden, die Verletzung, den der Patient erlitten hat, den bemerkt er oft sofort und das ist häufig Grund dafür, dass der Patient seinen Behandlungsverlauf überprüft haben möchte. Geplant waren drei Tage im Krankenhaus, aber entlassen wurde er erst nach drei Wochen. Statt einer Operation musste er drei hinnehmen, und statt sich besser zu fühlen, geht es ihm schlechter als zuvor. Nachzuweisen, dass es dem Patienten nach der Be-handlung schlechter geht als vorher, ist normalerweise nicht schwer. Allerdings ist das auch nur ein gedanklicher Zwischenschritt.

Für den Juristen besteht der Schaden in dem Unterschied zwischen dem gegenwärtigen Zustand und dem Soll-Zustand, das heißt, dem Zustand, der vorliegen würde, wenn das schädigende Ereignis nicht eingetreten wäre.

Den Soll-Zustand festzustellen macht im Arzthaftungsrecht ganz erhebliche Schwierigkeiten, wenn nicht sogar die größten. Dies mag verwundern, ist aber ganz logisch, denn das Problem ergibt sich aus den Eigenheiten der ärztlichen Behandlung. Der Arzt kann einen bestimmten Heilungserfolg ja nicht garantieren, weshalb der Behandlungsvertrag kein Werkvertrag ist. Wenn ich dem Maler sage, dass die Wand blau sein soll, und sie ist nun stattdessen grün, muss der Maler die Wand noch einmal streichen: Er hat einen Fehler gemacht, weil er grüne statt blaue Farbe verwendet hat, und deshalb sieht die Wand jetzt anders aus, als es besprochen war.

Bei der medizinischen Behandlung funktioniert diese Argumentation nicht. Auch bei optimaler Behandlung kann es zu ganz erheblichen Komplikationen kommen, die die Lebensqualität des Patienten nachhaltig beeinträchtigen können und damit auch einen Gesundheitsschaden darstellen. Auch wenn die Therapie richtig durchgeführt worden wäre, hätte es zu Komplikationen und damit auch zu Schäden des Patienten kommen können, denn es gibt keine Garantie für einen optimalen Behandlungsverlauf. Gutachter haben daher häufig große Schwierigkeiten, die ihnen von juristischer Seite gestellte Frage nach dem Soll-Zustand, also dem Ergebnis eines fehlerfreien Behandlungsverlaufs, zu beantworten. Was wäre ohne den Behandlungsfehler passiert?

Die Antwort des Gutachters lautet häufig, dass die eingetretenen Schäden bei fehlerfreier Behandlung „mit großer Wahrscheinlichkeit" nicht eingetreten wären. Allerdings hätte es – mit geringer Wahrscheinlichkeit – auch ohne einen Behandlungsfehler zu Komplikationen kommen können. Häufig wird dann festgestellt, dass es nicht auszuschließen ist, dass die Schäden, deretwegen der Patient klagt, auch bei fehlerfreier Behandlung hätten eintreten können.

Wird die Schilddrüse bei einer Operation aufgrund eines Behandlungsfehlers vollständig entfernt, statt nur zu einem kleinen Teil, und sind hinterher beide Stimmbandnerven durchtrennt, so wird der Gutachter feststellen, dass die Durchtrennung der Stimmbandnerven auch dann als Komplikation hätte auftreten können, wenn der Arzt richtig gehandelt hätte und nur einen kleinen Teil der Schilddrüse entfernt hätte. Dass bei ordnungsgemäßer Behandlung der Nerv geschädigt worden wäre, ist nicht sehr wahrscheinlich, aber wäre es sicher vermieden worden? Und hier liegt das Problem: Der Patient muss zur Gewissheit des Gerichts nachweisen, dass es einen Unterschied zwischen seinem gegenwärtigen Gesundheitszustand und dem Soll-Zustand gibt. Bleiben Zweifel, ist die Klage nicht erfolgreich.

Um nach Operationen oder nach Unfällen eine Thrombose zu verhindern, erhalten Patientinnen und Patienten spezielle Medikamente. Aber diese Medikamente können eine Thrombose nicht sicher verhindern, sie können nur die Wahrscheinlichkeit verringern, dass es zu einer Thrombose kommt. Wenn der Arzt fehlerhaft keine Medikamente zur Thrombose-Prophylaxe gegeben hat, heißt das, dass sich durch seinen Fehler das Risiko für das Auftreten einer Thrombose erhöht hat. Aber wäre sie auch vermieden worden, wenn er das Medikament verschrieben hätte? Diese Frage können die Gutachter nicht beantworten. Sie können angeben, mit welcher Wahrscheinlichkeit es mit dem Medikament und mit welcher Wahrscheinlichkeit es ohne das Medikament zu einer Thrombose gekommen wäre. Die juristisch relevante Frage, ob ein konkreter Patient keine Thrombose bekommen hätte, wenn man sich den Behandlungsfehler wegdenkt, können sie aber normalerweise nicht beantworten.

Der Patient im ersten Beispiel kann nicht nachweisen, dass die Stimmbandnerven durch einen Operationsfehler durchtrennt worden sind, weil es eben auch möglich ist, dass es auch bei korrekter Vorgehensweise des Operateurs zu dieser Schädigung hätte kommen können. Genauso kann der Patient im zweiten Beispiel nicht nachweisen, dass es bei ihm zu einer Thrombose gekommen ist, weil er die Medikamente zur Prophylaxe nicht erhalten hat – es hätte auch bei ordnungsgemäßer Prophylaxe eine Thrombose entstehen können.

Der Nachweis dieses Ursachenzusammenhangs ist im Arzthaftungsrecht am schwierigsten. Ganz häufig scheitert ein Anspruch an dieser Klippe. Klagen werden von den Gerichten abgewiesen, weil der Patient nicht mit der nach den Spielregeln der Zivilprozessordnung erforderlichen Gewissheit hat nachweisen können, was gewesen wäre, wenn der Behandlungsfehler nicht stattgefunden hätte: Jedes Jahr ging die Frau zur Krebsvorsorge, ließ ihre Brust abtasten und hatte ihrem Frauenarzt auch mitgeteilt, dass sie einen „Knubbel" in der linken Brust selbst ertasten konnte. Der Arzt erklärte, dass es sich bei dem „Knubbel" um eine Zyste handeln würde. Zwei Jahre später wurde im Rahmen des Mammografie-Screenings Krebs festgestellt und dieser befand sich an genau der Stelle des „Knubbels". Sicherlich wird man recht schnell zu dem Ergebnis kommen können, dass der Arzt eine weiterführende Diagnostik hätte betreiben müssen, aber zu welchem Ergebnis hätte das geführt? War der Krebs schon vorher zu sehen? Krebse wachsen, wie sie wollen, mal schnell und mal langsam. Wann war er da? Welche Therapie hätte sich bestenfalls vor zwei Jahren angeschlossen? Die Antwort gleicht einem Blick in die Glaskugel – man weiß es nämlich nicht. Die Patientin wird es nicht nachweisen können, weil niemand sagen kann, wie der Befund zuvor ausgesehen hätte. Wir gehen zwar alle zur Vorsorge, weil wir wissen, dass eine frühzeitige Diagnose immer bessere Heilungschancen verspricht, aber wir können nicht sagen, wie sich der Krebs bei einer konkreten Person entwickelt hat. Leider. Wir ahnen es nur, wir vermuten, wir gehen davon aus, dass er kleiner, besser therapierbar gewesen wäre, er nicht so viel Zeit gehabt hätte, Metastasen auszubilden. Nachweisen können wir es aber nicht und daran scheitert dann ein Anspruch des Patienten, obwohl der Arzt einen Fehler gemacht und der Patient einen Schaden hat. Da der Patient grundsätzlich alle haftungsbegründenden Tatbestandsmerkmale – also Behandlungsfehler, Gesundheitsschaden und den Ursachenzusammenhang zwischen beiden – zur Gewissheit des Gerichts nachweisen muss, gehen verbleibende Zweifel zu seinen Lasten. Kann der Sachverständige die Frage nach dem Sollzustand, dem Gesundheitszustand des Patienten nach fehlerfreier Behandlung, nicht eindeutig beantworten und besteht die Möglichkeit, dass es auch bei korrekter Behandlung zu identischen oder vergleichbaren gesundheitlichen Beeinträchtigungen gekommen wäre, kann der Patient den Nachweis, dass seine Beeinträchtigungen Folge des Behandlungsfehlers sind, nicht führen. Eine Klage ist dann abzuweisen, Ansprüche lassen sich auch außergerichtlich nicht durchsetzen.

Dass der Patient dies beweisen muss, stellt eine Hürde dar, die oftmals nicht zu nehmen ist. Es kann einerseits nicht vermutet werden, dass ein Misserfolg der Behandlung bereits auf einen Fehler schließen lässt. Andererseits führt nicht jeder Behandlungsfehler zu einem Schaden. Denn Schäden können auch bei korrekter Behandlung auftreten.

Wenn ein Antibiotikum dem Patienten nicht rechtzeitig verabreicht worden ist, kann daraus nicht geschlossen werden, dass die Entzündung gleich gestoppt worden wäre, hätte der Patient das Antibiotikum rechtzeitig erhalten. Der Patient muss aber nachweisen, dass die Entzündung ausgeheilt wäre. Dazu das folgende Beispiel:

Beispiel

Eine ältere Dame bekommt eine neue Hüfte. Nach der Operation tritt eine Entzündung auf, auf die nicht rechtzeitig mit einem Antibiotikum reagiert wird. Die Erreger vermehren sich, bilden Eiter, und die Wunde wird immer schmerzhafter, es kommt eine Überwärmung und Rötung dazu, das Bein wird dicker. Nun wird ihr doch noch ein Antibiotikum gegeben. Leider schreitet die Entzündung trotzdem voran und die Frau muss sich vielen weiteren Operationen unterziehen, die Hüftprothese wird zeitweilig ausgebaut. Nun beruhigt sich das Ganze nach Monaten der intensiven Behandlung und die Frau bekommt endlich ihre neue Hüfte wieder implantiert und kann nach Hause entlassen werden. Es stellt sich die Frage, wie der Verlauf denn gewesen wäre, wenn bereits zu Beginn, als die Ärzte die Entzündung schon sehen konnten, ein Antibiotikum gegeben worden wäre.

• •

Jeder dürfte es aus seiner eigenen Erfahrung kennen, dass ein Medikament nicht immer so wirkt, wie es wirken soll. Der Kopfschmerz ist trotz Schmerztabletten immer noch da, der Husten hält einen nachts wach, obwohl der Arzt doch ein Medikament gegeben hat, das Wasserlassen brennt weiterhin, obwohl man nun schon seit drei Tagen diese riesengroßen Pillen mit dem Antibiotikum nimmt. Auch in diesem Beispiel kommt es zu dem beschriebenen Problem, vor dem Patienten stehen, wenn sie nachweisen müssen, dass der Behandlungsfehler Ursache ihrer Gesundheitsschäden ist.

Beweiserleichterung und Beweislastumkehr

Dass es für die Patientinnen und Patienten schwierig ist, die Kausalität nachzuweisen, ist bekannt. Die Richter wissen dies und sie finden es ungerecht. Deshalb wurden Ausnahmen von dem Grundsatz, dass der Patient alles beweisen muss, entwickelt. In bestimmten Fällen kommt es daher zu Beweiserleichterungen für den Patienten bis hin zu einer Beweislastumkehr, wo der Arzt dann beweisen muss, dass sein Fehler nicht mit ursächlich für den Schaden des Patienten war. Diese Ausnahmen betreffen aber alle nur die Kausalität, also die Frage, welchen Schaden der Fehler verursacht hat.

Beweiserleichterungen bis hin zur Beweislastumkehr gibt es bei

- Anscheinsbeweis
- grobem Behandlungsfehler
- Befunderhebungsfehler
- Verletzung der Pflicht zur Sicherung der Dokumentation
- Organisationsverschulden
- Hygienefehler

Anscheinsbeweis

Es gibt Schäden, wo klar ist: Wenn diese auftreten, kann dies nur durch einen vermeidbaren Behandlungsfehler verursacht sein. Diese Fälle sind im Arzthaftungsrecht sehr selten, aber es gibt sie. Und wenn es klar ist, dass ein ganz klassischer, typischer Geschehensablauf vorliegt, der in klassischer, typischer Weise den Schaden des Patienten verursacht hat, so muss der Patient nicht nachweisen, dass sein Schaden durch den Fehler eingetreten ist und andere Möglichkeiten ausgeschlossen sind. Vielmehr resultiert daraus eine Beweislastumkehr und der Arzt muss dann beweisen, dass ein atypisches Geschehen den Schaden des Patienten verursacht hat. Klassischerweise anzunehmen ist dies, wenn der Patient Verbrennungen hat, nachdem er mit einem Hochfrequenzgerät operiert wurde. (OLG Saarbrücken, VersR 1991, 1289; OLG Hamm, NJW 1999, 1787).

Der grobe Behandlungsfehler

Wenn ein grober Behandlungsfehler vorliegt, kehrt sich die Beweislast um. In diesen Fällen muss nicht mehr der Patient beweisen, dass der Fehler Ursache für den Schaden ist. Vielmehr muss der Arzt nun beweisen, dass der Schaden auch dann entstanden wäre, wenn ihm der Fehler nicht unterlaufen wäre. Und dieser Beweis ist für den Arzt ebenso schwierig zu führen wie der Nachweis der Kausalität für den Patienten. „Das ging ja nun gar nicht", „wie konnte er das tun", „das war doch kein Arzt, der mich da behandelt hat" sind Äußerungen, die auf das Vorliegen eines groben Behandlungsfehlers hindeuten. Oftmals ist das der einzige Ausweg für einen Patienten, einen Anspruch durchzusetzen.

Der grobe Behandlungsfehler liegt definitionsgemäß vor, wenn der Arzt eindeutig gegen bewährte ärztliche Behandlungsregeln oder gesicherte medizinische Erkenntnisse verstoßen und einen Fehler begangen hat, der aus objektiver Sicht nicht mehr verständlich erscheint, weil er einem Arzt schlechterdings nicht unterlaufen darf (BGH, Urteil vom 16.06.2009, VI ZR 157/08, vom 27.03.2007, VI ZR 55/05). Es muss ein Verstoß vorliegen, der „Kopfschütteln" hervorruft, es muss gegen das „Fettgedruckte" verstoßen worden sein, das Verhalten darf aus ärztlicher Sicht nicht nachvollziehbar sein. Bei einem derartigen Fehler hätte man den Assistenzarzt nicht mehr ermahnt, sondern ihm buchstäblich die Ohren lang gezogen. In der Rechtsprechung des Bundesgerichtshofs wird betont, dass der grobe Behandlungsfehler, im Gegensatz zu dem einfachen, mit seinen weitreichenden, im Regelfall prozessentscheidenden Konsequenzen deutlich von einem einfachen Behandlungsfehler abzugrenzen ist (BGH Urteil vom 03.07.2001, VI ZR 418/99).

Die Bewertung, ob ein Behandlungsfehler grob ist oder nicht, ist Aufgabe des Richters. Der Richter ist aber kein Arzt, er kann nicht wissen, ob der Arzt tatsächlich grob behandlungsfehlerhaft gehandelt hat. Er beauftragt deshalb einen Gutachter.

●   **Beispiele**

Der grobe Behandlungsfehler kommt in allen Fallgruppen der Behandlungsfehler vor. So wurde er angenommen, weil

- die Entzündungsparameter bei einer Gelenkinfektion nicht bestimmt worden waren (OLG Hamm vom 06.11.2002, 3 U 50/02, VersR 2004, 1321),
- bei einer Operation der Bauchschlagader eine nicht passende Gefäßprothese verwendet wurde (OLG München, Urteil vom 16.04.2009, 1 U 3350/08),
- eine feingewebliche Abklärung durch einen Pathologen eines entnommenen, auffälligen Tumors unterlassen wurde (OLG Koblenz, Beschluss vom 20.07.2007, 3 U 899/07, NJW-RR 208,222),

- keine Computertomografie nach einer Schädelverletzung durchgeführt wurde (BGH, VersR 1999, 231),
- ein nicht zugelassenen Medikament trotz erheblicher Nebenwirkungen nicht abgesetzt wurde (BGH, Urteil vom 27.03.2007, VI ZR 55/05)
- oder auch, wenn ein sichtbarer Knochenbruch auf dem Röntgenbild übersehen wurde (OLG Koblenz, Urteil vom 30.11.2006, 5 U 209/06).

Nach dem Urteil des Bundesgerichtshofs vom 27.04.2004, VI ZR 34/03 und nunmehr normiert im § 630 h Absatz 5 Satz 1 BGB führt ein grober Behandlungsfehler stets zu einer Umkehr der Beweislast für den Ursachenzusammenhang zwischen Behandlungsfehler und Gesundheitsschaden. In diesem Fall muss der Arzt nun nachweisen, dass sein Fehler nicht mit ursächlich für den Schaden des Patienten gewesen ist. Dies ist kaum möglich. Wenn es grob fehlerhaft war, kein Antibiotikum zu geben, so war dieses mit ursächlich. Denn es hätte schließlich sein können, dass die Entzündung zügig ausgeheilt wäre.

Man muss sich immer vergegenwärtigen, dass das Vorliegen eines groben Behandlungsfehlers die Ausnahme und nicht die Regel ist. Einen Prozess zu führen, der einzig erfolgreich sein kann, wenn das Gericht den Fehler als „grob" qualifiziert, ist gefährlich. Insbesondere, weil die ärztlichen Gutachter die Grundlage für die Einschätzung des Gerichts legen und sie regelhaft nicht zu der Einschätzung kommen, dass das Verhalten des Kollegen völlig unverständlich ist, sondern sie eher geneigt sind, viel Verständnis für diese aufzubringen.

Befunderhebungsfehler

Eine weitere Fallgruppe, in der sich die Beweislast umkehren kann, ist der Befunderhebungsfehler, entsprechend § 630h Absatz 5 Satz 2 BGB.

Wir erinnern uns an die beiden Patienten mit dem Herzinfarkt. Bei beiden Patienten diagnostizierte der Arzt ein Schulter-Arm-Syndrom, obwohl ein Herzinfarkt vorgelegen hat, der die Beschwerden verursachte. Bei dem jungen

Patienten lag zwar auch ein Diagnosefehler vor, der führt aber nicht zu einer Haftung. Bei diesem war der Herzinfarkt eine ganz unwahrscheinliche Erkrankung. Nicht sämtliche Ursachen, die Beschwerden bei dem Patienten bedingen können, müssen untersucht werden. Nicht jeder Patient kann von Kopf bis Fuß diagnostiziert werden, damit alle Eventualitäten ausgeschlossen sind. Bei dem älteren Patienten war das anders. Da hätte der Arzt an einen Herzinfarkt denken, er hätte eine entsprechende Diagnostik vornehmen müssen, und dies hat er nicht getan. Dass ein Herzinfarkt die Beschwerden verursacht hatte, lag nahe. Wenn der Arzt nun die gebotene Diagnostik durchgeführt hätte, so wäre sicherlich das EKG auffällig gewesen, die Labordaten eindeutig, und er hätte erkannt, dass ein Herzinfarkt vorlag. Dann auf diese Befunde nicht zu reagieren, wäre völlig unverständlich gewesen. Insoweit liegt ein vermeidbarer Befunderhebungsfehler vor. Trotzdem hätte ohne eine Beweislastumkehr der Patient aber große Schwierigkeiten nachzuweisen, dass ihm ein Schaden entstanden ist. Er kann ja nicht nachweisen, wie der Verlauf denn gewesen wäre, wenn der Arzt richtig gehandelt hätte, da nicht jede Therapie zum gewünschten Erfolg führt. Wenn sich aber die Beweislast umkehrt, ist die Situation anders: Dann wird davon ausgegangen, dass die Behandlung des Herzinfarkts bei rechtzeitiger Diagnose optimal verlaufen wäre.

Bevor der Bundesgerichtshof seine Rechtsprechung zur unterlassenen Befunderhebung entwickelt hat, wurde der Arzt, der die notwendigen Untersuchungen gar nicht erst durchgeführt hat, privilegiert. Dass die Untersuchungen nicht durchgeführt wurden, wurde natürlich als Fehler bewertet, aber alle Unsicherheiten, wie sich die Krankheit bei korrekter Diagnostik und Therapie entwickelt hätte, gingen zu Lasten des Patienten. In vielen dieser Fälle konnte der Patient nur Erfolg haben, wenn ein grober Behandlungsfehler festgestellt wurde. Und die Hürden dafür liegen wie gesagt hoch.

Der Bundesgerichtshof schuf daher in den 90er Jahren die Rechtsfigur der „unterlassenen Befunderhebung" (vgl. zum Beispiel BGH Urteil vom 06.07.1999 VI ZR 290/98, BGHZ 132,47). Sie unterläuft den eben oftmals nicht zu einer Haftung führenden einfachen Diagnoseirrtum, der nur zurückhaltend überhaupt als Behandlungsfehler gewertet wird. Dass der Arzt, der in einem sehr wichtigen Stadium der Behandlung eine notwendige Untersuchung nicht durchführt, rechtlich besser gestellt wird als der, der die Untersuchung zwar durchführt, ihr Ergebnis aber falsch bewertet, hat der Bundesgerichtshof als unsachgemäß empfunden. Er hat daher in einer Reihe von Urteilen seine Rechtsprechung zur Beweislastumkehr bei einem Befunderhebungsfehler entwickelt: Die Beweislast kehrt sich um, wenn der Arzt eine notwendige Untersuchung nicht durchgeführt hat, diese Untersuchung wahrscheinlich zu einem Ergebnis geführt hätte, das eine Reaktion des Arztes erfordert hätte, und die ausbleibende Reaktion des Arztes sich als grober Behandlungsfehler darstellt (vgl. etwa BGH Urteil vom 23.03.2004 Az. VI ZR 428/02, NJW 2004, 1871) oder wenn das Unterlassen von Befunderhebungen sich als grob fehlerhaft darstellt, weil es nicht verständlich ist und diese Befunderhebungen eine Reaktionspflicht hervorgebracht hätten.

Die Beweislastumkehr hat drei Voraussetzungen, nämlich

→ den Verstoß gegen die Pflicht, einen Befund zu erheben. Wichtig ist dabei, dass dies kein grober Behandlungsfehler sein muss, es reicht aus, dass hierin ein einfacher Behandlungsfehler zu sehen ist. Der Begriff der Befunderhebung ist weit auszulegen. Der Bundesgerichtshof versteht darunter jede Maßnahme mit dem Zweck, Aufschluss über ein behandlungsbedürftiges Geschehen zu gewinnen, um dann die für die Gesundheit des Patienten nötigen Maßnahmen zu treffen (BGH Urteil vom 23.03.2004, VI ZR 428/02. In diesem Urteil hat der Bundesgerichtshof die Kontrolle der Batteriekapazität eines Herzschrittmachers als Befunderhebung bewertet).

→ dass die zu fordernde, aber tatsächlich unterlassene Erhebung eines Befundes mit überwiegender Wahrscheinlichkeit, das heißt einer Wahrscheinlichkeit von über 50 Prozent, zu einem reaktionspflichtigen Ergebnis geführt hätte. Dass dies der Fall gewesen wäre, ist vom Patienten zu beweisen.

→ und dass das Ausbleiben der Reaktion auf den fiktiven reaktionspflichtigen Befund, den die nicht durchgeführte Untersuchung wahrscheinlich erbracht hätte, als grober Behandlungsfehler zu bewerten ist.

Liegen die vorgenannten Voraussetzungen vor, kehrt sich die Beweislast für den Ursachenzusammenhang zwischen dem Behandlungsfehler und dem eingetretenen Gesundheitsschaden um. Sinn und Zweck davon beschreibt der Bundesgerichtshof in dem oben zitierten Urteil vom Urteil vom 23.03.2004: „Dadurch, dass notwendige Untersuchungen nicht durchgeführt wurden, stehen deren Ergebnisse zur Beurteilung des Ursachenzusammenhangs nicht zur Verfügung. Der Arzt hat durch seinen Fehler nicht nur seine eigenen Erkenntnis- und Entscheidungsmöglichkeiten, sondern auch die Nachweismöglichkeiten des Patienten eingeengt. Gegenüber denjenigen Patienten, bei denen die notwendigen Befunde erhoben, aber nicht korrekt ausgewertet wurden, sind die Beweismöglichkeiten verschlechtert worden. Als Ausgleich dafür, dass der Arzt diese Unsicherheiten schuldhaft in das Behandlungsgeschehen getragen hat, wird ihm die Beweislast für den fehlenden Ursachenzusammenhang zwischen Behandlungsfehler und Kausalität auferlegt."

In manchen Konstellationen ist die Abgrenzung zwischen einem Diagnosefehler und einem Befunderhebungsfehler problematisch. Diese Unterscheidung ist aber relevant, weil der Diagnosefehler eben haftungsrechtlich privilegiert ist: Nicht jede Diagnose, die sich nachträglich als objektiv falsch herausstellt, kann als schuldhafter Behandlungsfehler bewertet werden (BGH, Urteil vom 08.07.2003, VI ZR 304/02). Ein Befunderhebungsfehler führt dagegen oft zur Umkehr der Beweislast. Wenn er festgestellt wird, entscheidet das häufig über den Ausgang des Prozesses.

Dokumentationsfehler

Die Beweislast für den Ursachenzusammenhang zwischen Behandlungsfehler und Gesundheitsschaden kann sich auch umkehren, wenn der Arzt seine Pflicht verletzt, die von ihm erhobenen Befunde zu sichern. Der Arzt ist zur Dokumentation und Aufbewahrung von Befunden verpflichtet (§ 630f BGB). Leiturteil für diese Fallgruppe ist das Urteil des Bundesgerichtshofs vom 13.02.1996 (VI ZR 402/94), dem folgender Sachverhalt zugrunde lag:

• •

Beispiel

Der beklagte Internist führte beim Patienten, der über Brustschmerzen klagte, eine EKG-Untersuchung durch, er beurteilte das EKG als nicht bedrohlich und vereinbarte mit dem Patienten weitere Untersuchungen zu einem späteren Zeitpunkt. Nach Verlassen der Praxis brach der Patient zusammen und verstarb wenig später an einem Herzinfarkt. Der Beklagte konnte das EKG im Prozess nicht mehr vorlegen, so dass nicht geklärt werden konnte, ob darauf Hinweise auf den Herzinfarkt, an dem der Patient wenig später verstorben war, erkennbar waren oder nicht. Wären darauf Anzeichen für den Herzinfarkt erkennbar gewesen, was überwiegend wahrscheinlich war, wäre die Entlassung des Patienten als grober Behandlungsfehler zu bewerten gewesen.

●●

Die Feststellung einer Haftung hat der BGH gebilligt, weil,

→ der beklagte Internist verpflichtet gewesen wäre, das EKG aufzubewahren. Er hatte somit gegen seine Verpflichtung verstoßen, die von ihm erhobenen Befunde zu sichern.
→ es überwiegend wahrscheinlich war, dass das verloren gegangene EKG einen reaktionspflichtigen Befund gezeigt hat, und weil
→ die ausbleibende Reaktion auf diesen vermuteten Befund sich als grober Behandlungsfehler darstellt.

Diese Beweislastumkehr rechtfertigt sich aus ähnlichen Gründen, wie wenn ein Befunderhebungsfehler festgestellt wird. Der Arzt hat durch seinen Verstoß gegen die Verpflichtung, Befunde zu sichern, dazu beigetragen, dass der Ursachenzusammenhang nicht geklärt werden kann. Wenn ein reaktionspflichtiger Befund wahrscheinlich war, ist es aus Gründen der Gleichbehandlung erforderlich, dass der Patient genauso gestellt wird, als hätte der Befund vorgelegen, so dass die Frage, ob ein grober Behandlungsfehler passiert ist oder nicht, tatsächlich hätte entschieden werden können.

Auch diese Beweislastumkehr ist mit Inkrafttreten des Patientenrechtegesetzes in § 630h Abs. 5 S. 2 BGB gesetzlich normiert.

Organisationsverschulden

Jeder Krankenhausbetrieb birgt Risiken. Einige davon gelten als voll beherrschbar, das heißt, sie sollten von dem Krankenhausträger und dem dort tätigen Personal voll beherrscht werden können. Entsteht in diesem Bereich ein Schaden bei dem Patienten, kehrt sich die Beweislast um, entsprechend auch § 630 h Absatz 1 BGB. Die Begründung: Es wäre ungerechtfertigt, den Patienten, der den Krankenhausbetrieb nicht überblicken kann und damit in eine Beweisnot käme, dieser Beweislast auszusetzen.

Beispiele

Der Arzt muss zum Beispiel den Beweis erbringen, wenn

- ein Tupfer oder eine Schere in dem Operationsgebiet verbleibt,
- ein Narkosegerät nicht funktionsfähig ist, weil es zum Beispiel kein Signal gibt, wenn der Blutdruck oder die Herzfrequenz des Patienten abfällt,
- die Infusion abgeht,
- der Patient falsch auf dem OP-Tisch gelagert wird und ihm dadurch ein Schaden entsteht.

Behandlungsmaßnahmen, die durch einen in Ausbildung stehenden Arzt zu einem Schaden führen, der bei Behandlung durch einen Facharzt nicht entstanden wäre (Anfängeroperation), führen zu einer Beweislastumkehr, was nun auch in § 630h Absatz 4 BGB geregelt ist.

Hygienefehler

Man weiß, dass nach jeder Behandlung eine Infektion auftreten kann. Über diese Möglichkeit wird normalerweise auch jeder Patient aufgeklärt. Infektion und Blutung werden als Risiken eines Eingriffs an erster Stelle genannt. Wenn eine Infektion auftritt, die der Patient im Krankenhaus erworben hat, so spricht man von einer nosokomialen Infektion. Nach einer Schätzung der Deutschen Gesellschaft für Krankenhaushygiene versterben in Deutschland etwa 20.000 bis 40.000 Patienten an den Folgen einer solchen nosokomialen

Infektion, andere liegen über Monate hinweg im Krankenhaus, müssen operiert werden, die Gelenke werden versteift oder sie bekommen Gliedmaßen amputiert. Die Zahlen zeigen, wie groß das Problem ist. Aber muss der Patient die Infektionen und deren teilweise bösen Folgen hinnehmen, ohne dafür entschädigt zu werden? Das Ergebnis vorweg: Nicht grundsätzlich, aber derzeit meistens.

Im Sommer 2010 löste ein Drama an der Mainzer Universitätsklinik eine große Debatte aus, mehrere Säuglinge starben an den Folgen einer Infektion. 2011 starben in Bremen ebenfalls Frühgeborene an den Folgen einer Infektion, die sie sich im Krankenhaus zugezogen hatten. 2012 wiederholte sich dieses Drama in der Charité in Berlin. Ähnliche Horrormeldungen sind immer wieder zu lesen und machen Angst. Angst davor, sich mit einem Keim in einem Krankenhaus zu infizieren, der einen noch kränker macht, als man ohnehin schon ist.

Es ist lange bekannt, dass von Keimen eine Gefahr ausgeht. Ignaz Semmelweis führte 1847 in der Frauenklinik, in der er tätig war, ein, dass die Ärzte und Studenten sich die Hände mit Chlorkalk zu desinfizieren hatten. Dadurch konnte er in dieser Klinik das Risiko der Mütter, nach einer Geburt an Kindbettfieber zu sterben, von 15 Prozent auf 1,3 Prozent senken. Grund dafür, dass fast jede sechste Frau, die wegen einer Geburt im Krankenhaus war, sterben musste war, dass Studenten und auch Ärzte von der Sektion einer Leiche direkt in die Frauenklinik kamen und die Patientinnen dort untersuchten, ohne sich zu desinfizieren. Sie übertrugen so die Keime von den sezierten Leichen auf die Mütter – aus heutiger Sicht eine hygienische Katastrophe, die aber auch zeigt, welche positiven Auswirkungen zum Teil ganz einfache Hygienemaßnahmen wie das Händewaschen und -desinfizieren haben können.

Wir wissen mittlerweile, wie sich die Erreger ausbreiten. Sie gelangen durch die Raumluft, die medizinischen Instrumente, die Wäsche, das Personal aber auch mit dem Patienten selbst oder seinen Besuchern in das Krankenhaus. Dass Keime in das Krankenhaus kommen, ist unvermeidlich. Durch die Hygiene und andere Maßnahmen zum Schutz des Patienten vor Infektionen soll der Patient aber so gut wie möglich davor geschützt werden, sich mit Keimen zu infizieren. Diese Maßnahmen gehören heute zu den elementaren Bestandteilen der Medizin. Dennoch erkranken jährlich 600.000 bis 800.000 Patienten an nosokomialen Infektionen wie Lungenentzündung, Harnwegsinfekt, Blutvergiftung, Bauchfellentzündung und anderen Folgen, und 20.000 bis 40.000 sterben. Trotz Hygiene.

Aber nicht jede Infektion, zu der es im Krankenhaus kommt, ist auf Hygienemängel zurückzuführen. Zu den nosokomialen Infektionen werden auch die Infektionen gezählt, bei denen der Patient sich während des Krankenhausaufenthalts mit einem Keim infiziert, den er selbst mitgebracht hat: zum Beispiel auf seiner Haut oder in seinem Darm. Diese sogenannten endogenen Infektionen machen rund zwei Drittel der Fälle aus. In der Regel ist dem Krankenhaus dann kein Vorwurf zu machen. Dafür kann es nichts. Diese kann es nicht verhindern.

Nur bei den sogenannten exogenen nosokomialen Infektionen, das heißt den Infektionen, bei denen der Keim aus dem Krankenhaus stammt, ist eine Verantwortlichkeit des Krankenhauses im Allgemeinen in Betracht zu ziehen. Hier kann mit Recht gefragt werden, ob es wegen eines Hygienemangels zu der Infektion kam. Besonders gemein und bekannt ist die Infektion mit einem MRSA-Keim (Methicillin resistenter Staphylococcus aureus), den sich Patienten häufig in Krankenhäusern zuziehen. An solchen Infektionen sterben etwa 5.000 Patienten pro Jahr, weil die Keime, die sie verursachen, gegen die meisten Antibiotika resistent sind. Kommt es zu einer derartigen Infektion, sind die Ärzte häufig machtlos. Allein diese MRSA-Infektionen haben sich seit 1995 mehr als verzehnfacht, sie machen mittlerweile über 20 Prozent der nosokomialen Infektionen aus. Auf deutschen Intensivstationen wurden sie im Jahre 2005 bei knapp 40 Prozent der Patienten festgestellt. Das Robert-Koch-Institut sieht diese Infektionen als „ein ernstes krankenhaushygienisches Problem" an.

Doch welche Chance hat ein Patient, Schadenersatzansprüche gegen ein Krankenhaus wegen der Folgen einer exogenen nosokomialen Infektion, die er, so vermutet er, aufgrund von Hygienemängeln erlitten hat, durchzusetzen?

Allein mit der Tatsache, dass sich der Patient an einem Keim aus dem Krankenhaus infiziert, lassen sich Ansprüche auf Schadenersatz nicht begründen: Denn man muss davon ausgehen, dass es sich auch dann nicht ganz vermeiden lässt, dass Keime übertragen werden, wenn die notwendigen Maßnahmen zur Hygiene beachtet werden. Das hat auch der Bundesgerichtshof

1991 so in einem Grundsatzurteil entschieden (Az.: VI ZR 102/90). Die Keime lassen sich nicht auf Null reduzieren. Und wenn es zu einer Infektion kommt, obwohl das Krankenhaus alles getan hat, um die Hygiene zu gewährleisten, gehört das zum schicksalhaft hinzunehmenden Risiko des Patienten.

Gut zu wissen

Eine Schadenersatzpflicht kommt nur dann in Betracht, wenn die Infektion hätte vermieden werden können, indem die hygienischen Maßnahmen eingehalten worden wären. Das Krankenhaus, die medizinische Einrichtung, hat zwar für Hygiene zu sorgen, sie muss alles tun, um die Keine zu reduzieren und Infektionen zu vermeiden; schadenersatzpflichtig macht es sich aber nur, wenn nachgewiesen wird, dass die Infektion bei Einhaltung der notwendigen Hygienemaßnahmen hätte verhindert werden können.

Dieser Nachweis ist schwer bis unmöglich zu führen. Denn zunächst muss der Patient nachweisen, dass es überhaupt Mängel im Bereich der Hygiene gab. Danach muss – den allgemeinen Regeln folgend – nachgewiesen werden, dass die Infektion hätte vermieden werden können, wenn es nicht zu den festgestellten Mängeln gekommen wäre. Aber wie soll das gelingen? Denn das ist nur dort möglich, wo das Krankenhaus die Keime im vollen Umfang beherrschen kann. Erst wenn feststeht, dass die Infektion aus einem derartigen hygienisch voll beherrschbaren Bereich hervorgegangen sein muss, so hat der Krankenhausträger für die Folgen der Infektion einzustehen.

In derartigen Fällen versuchen die Gerichte zuerst zu klären, worin die Ursache der Infektion besteht. Die Klage wird regelhaft abgewiesen, wenn der Patient den Keim, der dann die Infektion verursacht hat, selbst mit ins Krankenhaus gebracht hat (endogene nosokomiale Infektion). Die Klage des Patienten kann nur dann erfolgreich sein, wenn er nachweisen kann, dass bei ihm eine exogene Krankenhausinfektion vorliegt, und dass die Ursache der Infektion aus einem Bereich kam, in dem das Hygiene- und Infektionsrisiko voll beherrschbar war.

Und da liegt für mich der Fehler, weshalb in der Rechtsprechung ein zeitgemäßes Umdenken gefragt ist. Denn dass der Patient diesen Nachweis führen kann, ist äußerst selten. Der Patient muss nachweisen, dass die Spritze bereits länger offen lag, die zur Injektion verwendet wurde, nach der eine Infektion auftrat, die Arzthelferin Keimträgerin war, die Infusion über Nacht bereits angestochen im Kühlschrank lag. Das kann er im Allgemeinen nicht. Auch kann er nicht nachweisen, dass die Hygienevorschriften nicht eingehalten worden sind. Denn dafür müsste der Patient zumindest die Hygienepläne einsehen können, und es existiert keine Vorschrift, die ihm dieses Recht gewährt. Die interne Dokumentation des Krankenhauses gehört nicht zu den Behandlungsunterlagen, in die der Patient ein gerichtlich durchsetzbares Einsichtsrecht hat.

Allein die Tatsache, dass er im Krankenhaus eine exogene Infektion erlitten hat, reicht als Beweis eben nicht. Er muss das Gericht zunächst davon überzeugen, dass dem Arzt oder der medizinischen Einrichtung ein Hygienefehler unterlaufen ist. Das ist problematisch. Meist ist er während der Behandlung doch allein. Im Zweifel steht dann Aussage gegen Aussage. Auch wenn der Kläger sagt, dass der Arzt nicht mit Handschuhen gearbeitet und er deshalb die Infektion bekommen hat – in dem Moment, wo der Arzt das abstreitet und sagt: „Ich arbeite immer mit Handschuhen. Was kann ich dafür, wenn dich Keime krank gemacht haben. Die gibt es immer", bestehen Zweifel. Da der Kläger im Normalfall keine weiteren Beweise vorlegen kann, kann das Gericht nicht wissen, was zutrifft. Ob nun tatsächlich mit Handschuhen gearbeitet wurde oder nicht, spielt keine Rolle, denn der Kläger hat das Gericht nicht überzeugen können, dass der Arzt ohne Handschuhe gearbeitet und damit einen Hygienestandard verletzt hat. Die Zweifel des Gerichts wirken zu Ungunsten des Patienten. Die Richter werden die Klage abweisen. Der Sachverhalt ist nicht aufgeklärt, er ist, wie wir Juristen das nennen, non liquet. Dass die Klage abgewiesen wird, heißt nicht, dass das Gericht dem Arzt glaubt. Es wendet lediglich eine allgemeine Regel der Zivilprozessordnung zur Beweislastverteilung an.

Und selbst dann, wenn der Patient diese Hürde nehmen kann und er nachweist, dass Hygienevorschriften verletzt worden sind, führt dies nicht unbedingt zum Erfolg. Schließlich muss er ja noch den Nachweis erbringen, dass die bei ihm aufgetretene Infektion durch die richtigen Maßnahmen hätte verhindert werden können. Und Keimfreiheit gibt es nicht. Egal was man macht, wie lange und wie oft man sich die Zähne putzt, die Keime werden reduziert, aber nicht eliminiert und somit kann nur in Ausnahmefällen nachgewiesen werden, dass die Infektion aus einem vom Krankenhaus voll beherrschbaren Bereich kommt.

Beispiele und Urteile

Folgend werden einige Urteile zur Hygiene vorgestellt, die die Problemfelder zeigen. Es kommt zwar vor, dass eine Haftung gegeben sein kann, die Anforderungen dafür sind aber hoch.

Beispielhaft dazu ein Urteil des Bundesgerichtshofs aus dem Jahr 2007. In diesem wurde einer Patientin Schadenersatz für die Folgen einer Infektion zugesprochen, die sie nach einer Injektion erlitten hatte (Az. VI ZR 158/06): Es konnte nachgewiesen werden, dass die Infektion von einer Arzthelferin herrührte, die an Heuschnupfen litt. Ein wesentlicher Punkt, der den Bundesgerichtshof bewogen hat, der Patientin Schadenersatz zuzusprechen, war die Tatsache, dass das Gesundheitsamt in der Praxis der beklagten Ärzte nach mehreren Ortsbesichtigungen und Befragung von Patienten eklatante Hygienemängel festgestellt hat. Aber so eindeutig sehen nur die allerwenigsten Fälle aus und gelingt es nicht, nachzuweisen, dass schwerwiegende Hygienemängel mit Händen zu greifen sind, bleiben immer Zweifel, die dazu führen, dass die Klage abgewiesen wird.

Wie schwierig es für Patientinnen und Patienten ist, Schadenersatzansprüche wegen der Folgen mangelhafter Hygiene geltend zu machen, zeigt auch ein Urteil des OLG Zweibrücken vom 27.07.2004 (Az. 5 U 15/02): Der klagende Patient hatte sich bei einem Arbeitsunfall das linke Sprunggelenk verletzt. Da seine Beschwerden anhielten, wurde er operiert. Nach der Operation war die Wundheilung gestört. Es wurde nachgewiesen, dass dies durch eine bakterielle Infektion verursacht war. Den Ärzten im Krankenhaus gelang es nicht, die Infektion zu beherrschen, nach mehreren Folgeoperationen musste das linke Sprunggelenk versteift werden. Der Patient hatte seine Klage damit begründet, dass im Krankenhaus katastrophale hygienische Zustände geherrscht hätten, bei immerhin 2,6 Prozent der Patienten, die dort behandelt worden wären, sei es zu Infektionen gekommen. Diese Infektionsrate spreche ebenfalls für Hygienemängel. Die Klage wurde in zwei Instanzen im Ergebnis abgewiesen. Das Berufungsgericht, die zweite Instanz, gab zunächst die dargestellte Rechtsprechung des Bundesgerichtshofs wieder, wonach absolute Keimfreiheit im Krankenhaus nicht herstellbar sei, es sei daher immer möglich, dass es zu Infektionen komme, dieses Risiko müsse der Patient hinnehmen. Etwas anderes gelte nur, wenn der Patient nachweise, dass die Infektion aus einem voll beherrschbaren Bereich stamme. Um diese Frage zu klären, holte das Gericht ein mikrobiologisches Gutachten ein. Der Sachverständige wertete dann die Statistiken der Klinik über Infektionen und Revisionen aus. Aus diesen Daten ließ sich kein Hinweis auf eine erhöhte Infektionsrate in der beklagten Klinik entnehmen. Das Gericht wies die Klage dann mit der Begründung ab, dass der Kläger nicht habe nachweisen können, dass überhaupt eine erhöhte Infektionsrate vorgelegen habe, die ein Indiz für einen Hygienemangel sein könne.

Auch das OLG Hamm hat eine Klage, die unter anderem auf den Vorwurf gestützt war, dass eine Infektion mit schwerwiegenden Folgen auf Hygienefehler zurückzuführen war, zurückgewiesen. (Urteil vom 16.06.2008 Az. 3 U 148/07). Die Patientin, die an Diabetes litt, ließ sich im Sommer 2000 wegen einer wieder aufgetretenen Krampfader operieren. Nach der Operation kam es zu einer Infektion an der Leiste, wo der Operateur einen Schnitt gesetzt hatte. Diese wurde behandelt. Im weiteren Behandlungsverlauf wurde festgestellt, dass die Patientin sich eine MRSA-Infektion zugezogen hatte, die dann auf ihre Füße übergriff, die wegen des Diabetes besonders empfindlich waren. Die Infektion der Füße konnten die Ärzte nicht in den Griff bekommen, letztlich musste der klagenden Patientin der linke Unterschenkel amputiert werden. Soweit ihre Klage auf den Vorwurf mangelhafter Hygiene gestützt war, holte das Gericht hierzu ein Sachverständigengutachten ein. Der Gutachter konnte dann in den Unterlagen keinen Hinweis auf Hygienemängel finden. Mit dieser Begründung wies das Gericht die Klage der Patientin ab.

Schaut man sich die Urteile an, in denen der Patient ausnahmsweise erfolgreich Ansprüche geltend machen konnte, zeigt sich, dass es immer gelungen war, besondere – mit Händen zu greifende – Hygienemängel zu beweisen: Die

Spritze hatte in einem Fall vor ihrer Verwendung bereits länger offen gelegen. In einem anderen Fall konnte der Patient nachweisen, dass elementare Hygieneregeln missachtet worden waren: Desinfektionsmittel waren entgegen den Vorgaben des Herstellers aus den Originalbehältnissen umgefüllt worden, zur Händedesinfektion wurden ungeeignete Desinfektionsmittel, die eigentlich zur Desinfektion von Oberflächen bestimmt waren, eingesetzt.

Diese eklatanten Mängel sind aber nicht die Regel. Und selbst wenn sie vorkommen, sind sie schwer zu beweisen: Dass die Reinigungskräfte sich bei der Desinfektion des Operationssaals keine Mühe gegeben haben, wird nicht dokumentiert. Das gleiche gilt, wenn es der Operateur vor der Operation eilig hatte und die Händedesinfektion nur unzureichend war. Die Beteiligten werden im Normalfall nicht bestätigen, wie es war. Der Patient war nicht dabei und dokumentiert wird es auch nicht. Man muss daher ganz deutlich sagen, dass die Fälle, in denen der Patient die dargestellten eklatanten Mängel nachweisen konnte, absolute Ausnahmen sind.

Und selbst wenn er Hygienemängel nachweisen kann, so muss er beweisen, dass es nicht aufgrund des allgemeinen mit der Behandlung verbundenen Risikos, sondern aufgrund von Hygienefehlern zur Infektion kam. Auch wenn er Hygienemängel nachweist, ist der Prozess noch nicht gewonnen. In einem Rechtsstreit, der in zweiter Instanz vom OLG Hamm entschieden wurde, hatte der Arzt eingeräumt, bei einer Injektion, die er dem klagenden Patienten wirbelsäulennah verabreicht hatte, keinen Mundschutz getragen zu haben. Das hätte er aber tun müssen, wie der vom Gericht hinzugezogene Sachverständige bestätigt hatte. Der Patient hatte also einen Hygienefehler nachweisen können. Allerdings konnte er nicht nachweisen, dass die schmerzhafte und belastende Entzündung der Bandscheibe, zu der es nach der Injektion gekommen war, durch das Tragen des Mundschutzes hätte vermieden werden können. Mit dieser Begründung hat das OLG Hamm seine Klage abgewiesen (Urteil vom 20.08.2007 Az. 3 U 274/06).

Wie ungleich die Waffen zwischen medizinischer Einrichtung und Patient gerade in dem Bereich der Hygiene verteilt sind, soll auch das folgende Beispiel veranschaulichen. Eine Patientin hatte sich einer ambulanten Darmspiegelung unterzogen, war anschließend im Krankenhaus operiert worden und hatte sich im Verlauf mit Hepatitis C infiziert. Diese Infektion wird meist durch Blut übertragen, kann aber auch auf anderen Wegen erfolgen. Hepatitis C ist eine chronische Krankheit, die die Leber schädigt und zu Zirrhose oder auch zu Leberzellkrebs führen kann. Die Patientin erklärte, dass die Infektion durch einen Verstoß gegen Hygienevorschriften verursacht worden sei, und beanspruchte Schadenersatz. Der Sachverständige, ein Gastroentero- und Infektiologe, sagte, dass die Infektionsquelle in dem Krankenhaus zu suchen sei. Aus dem Auftreten der Infektion könne aber nicht geschlossen werden, dass Hygienestandards verletzt worden seien, da der Infektionsweg bis heute nicht sicher bekannt sei. Die Klage wurde abgewiesen.

Es bleibt die Frage, auf welchem anderen Weg die Patientin sich während des Klinikaufenthaltes mit Hepatitis C hätte infizieren können. Das Krankenhaus hatte vorgetragen, dass eine Infektion durch das Personal ausgeschlossen sei, da die Mitarbeiter alle Hepatitis C negativ seien. Sexualkontakte der Klägerin konnten während des stationären Aufenthaltes ausgeschlossen werden, die eigene Verwendung von Spritzen sicherlich auch, ein Drogenkonsum dürfte auch nicht bestanden haben und eine Bluttransfusion fand nicht statt. Übrig bliebe nur der Kontakt zu von dem Keim besiedelten Materialien, wie Tischen, Operationsbesteck oder ähnlichem. Die Desinfektion von Tischen ist dem voll beherrschbaren Bereich der Klinik zuzuordnen und hätte damit dazu führen müssen, dass die Hygienepläne und ihre Dokumentation hätten vorgelegt werden müssen. Dies war aber nicht der Fall. Die Patientin hat damit keinen Anspruch, den sie durchzusetzen vermochte. Sie musste das Gericht davon überzeugen, dass dem Arzt oder der medizinischen Einrichtung ein Hygienefehler unterlaufen ist. Und das ist ihr nicht gelungen.

Die Hürden, die Patientinnen und Patienten überwinden müssen, um Ansprüche durchzusetzen, wenn es nach einer ärztlichen Behandlung zu einer Infektion gekommen ist, sind extrem hoch. Daran hat sich auch durch das Patientenrechtegesetz nichts geändert. Ich halte das für ungerecht: Durch kompetente Maßnahmen zur Hygiene lassen sich viele Infektionen vermeiden – und damit sowohl die belastenden Folgen für den Patienten, als auch die häufig extrem hohen Kosten, die von der Gemeinschaft der Krankenversicherten – also von uns – zu bezahlen sind. Die gegenwärtige Rechtslage schafft keinen Anreiz für die Krankenhäuser, hier besser zu werden. Der Bundesgerichtshof hat sich mit der Rechtsprechung zum groben Behandlungsfehler schon einmal entschlossen, ein strukturelles Ungleichgewicht zwischen Ärzten und Patienten aufzulösen und – soweit es den Nachweis des Ursachenzusammenhangs zwischen Behandlungsfehler und Gesundheitsschaden betrifft – Waffengleichheit zu schaffen. Ein derartiges strukturelles Ungleichgewicht besteht auch bei Schadenersatzansprüchen des Patienten nach einer exogenen nosokomialen Infektion. Gesetzgeber und Gerichte sind aufgerufen, auch hier eine gerechtere Lösung zu schaffen.

Wir müssen juristisch im Bereich der Hygiene umdenken, die Rechtsprechung muss sich ändern. Wenn die Hygiene von der Rechtsprechung als voll beherrschbares Risiko angesehen werden kann, so sollte in dem Moment, wo feststeht, dass der Patient eine exogene Krankenhausinfektion erlitten hat, der Arzt den Beweis antreten, dass er alles entsprechend dem Hygienestandard getan hat, um diese zu vermeiden. Er, und nicht der Patient, wird dann darlegen und beweisen müssen, dass die medizinische Einrichtung die Hygienestandards eingehalten und dies auch dokumentiert hat. Was nicht dokumentiert ist, gilt als nicht gemacht. Wenn also Fehler allein bei der Dokumentation vorliegen, so wäre die Verletzung der Hygienestandards zu vermuten. Dies folgt auch aus dem Rechtsgedanken des Paragrafen 280 Absatz 1 S.2 des Bürgerlichen Gesetzbuches.

Im Bereich der Organisation und Koordination einer medizinischen Einrichtung ist dieser Rechtsgedanke schon lange gültig. Und er sollte auch konsequent auf den Bereich der Hygiene angewendet werden. Und wenn die festgestellte Verletzung dieses Hygienestandards als grob fehlerhaft eingeschätzt werden würde, so müsste das Krankenhaus nunmehr beweisen, dass der Hygienefehler nicht mit ursächlich für die Infektion gewesen ist. Das wird ihr nicht gelingen. Nur auf diesem Weg kann eine Waffengleichheit zwischen Patienten und Behandelnden geschaffen und garantiert werden. Nur so könnten Ansprüche wegen einer erlittenen exogenen Krankenhausinfektion häufiger durchgesetzt werden, als dies bislang der Fall ist. Und die Anwendung dieser Regel würde auch zugleich bewirken, dass die Hygienestandards vermehrt eingehalten würden. Dadurch ließe sich die Anzahl der nosokomialen Infektionen verringern. Und jede dadurch vermiedene Infektion wäre ein Erfolg.

Alternativ könnte beim Auftreten einer exogenen Krankenhausinfektion das Prinzip der sekundären Darlegungs- und Beweislast angewendet werden.

Nach der Rechtsprechung des Bundesgerichtshofs kann eine Partei, die für Tatsachen darlegungs- und beweispflichtig ist, die sie nicht wahrgenommen hat und zu denen sie – anders als die Gegenpartei – auch keinen Zugang hat, diese ohne konkretes Wissen behaupten (BGHZ 140, 156). Der Patient müsste also nur behaupten, dass seine Krankenhausinfektion auf einer mangelnden Hygiene beruht. Die Gegenpartei, das Krankenhaus, muss dann diese Behauptung substantiiert bestreiten, das heißt vortragen, welche Maßnahmen zur Einhaltung des Hygienestandards von ihr getroffen worden sind und die Einhaltung auch beweisen. Würde sich ein Verstoß als grob fehlerhaft darstellen, so müsste sich die Beweislast umkehren. Nur so könnten Ansprüche wegen einer erlittenen exogenen Krankenhausinfektion häufiger durchgesetzt werden und nicht die Ausnahme sein. Leider hat der Bundesgerichtshof dazu noch nicht klar Stellung bezogen.

Auch in dem Bereich der exogenen nosokomialen Infektionen mit einem MRSA-Keim kann etwas geändert werden. Der Ausweg heißt „Screening". Das Verfahren gehört in Deutschland noch nicht zum Standard. Deren Durchführung hat in den Niederlanden zu einer MRSA-Infektionsrate von unter zwei Prozent geführt. Dabei werden Abstriche der Mundschleimhaut, der Haut und aus dem Genitalbereich genommen und auf MRSA-Keime geprüft. Das geht schnell und ist auch nicht teuer.

Ist der Patient MRSA-positiv, muss die Behandlung im Krankenhaus verschoben und die Keime müssen zunächst durch Lotions eliminiert werden. Bei unaufschiebbaren Eingriffen ist der Patient zu isolieren.

Das Unterlassen eines MRSA-Screenings könnte dann als grober Behandlungsfehler angesehen werden.

Kapitel 3

So kommen Sie zu Ihrem Recht

Wenn ein Behandlungsfehler vorliegt, haben Patientinnen und Patienten Anspruch auf Schadenersatz und Schmerzensgeld. Diesen können sie mit Hilfe eines Anwalts geltend machen. Zu klären ist zunächst, ob eine außergerichtliche Einigung möglich und sinnvoll ist. Andernfalls werden die Ansprüche auf dem Klageweg eingefordert.

Was soll man tun, wenn man ein Gutachten hat, in dem ein Behandlungsfehler festgestellt wird? Selten sind die vorliegenden Gutachten, die Sachverhalte, so eindeutig, dass man sich sofort außergerichtlich einigen kann. Und wenn dies geschieht, so fragt sich, ob der Betrag, auf den man sich geeinigt hat, denn auch angemessen ist.

Beim Klären der Frage, ob ein Behandlungsfehler vorliegt, unterstützen Krankenkassen oder die Schlichtungsstellen der Ärztekammern die Patientinnen und Patienten, aber bei der Frage, wie es dann weitergeht, also bei der Durchsetzung von Ansprüchen, können sie meist nicht helfen.

Deshalb sollte man spätestens, wenn ein medizinisches Gutachten vorliegt, einen Fachanwalt für Medizinrecht aufsuchen, der auf das Arzthaftungsrecht spezialisiert ist. Und: Man sollte ihn fragen, ob er Patienten vertritt, weil viele auf das Arzthaftungsrecht spezialisierte Rechtsanwälte ausschließlich die Behandlerseite, also Ärzte, Krankenhäuser und ihre Haftpflichtversicherungen vertreten.

Der „Arzthaftungsrechtler" kann das Gutachten unter Berücksichtigung der gesetzlichen Spielregeln lesen, auswerten, die Erfolgsaussichten und die Höhe des Anspruchs des Patienten einschätzen. Bleibt manches unklar, kann er ergänzende Stellungnahmen der Gutachter einholen.

Eine realistische Einschätzung der Erfolgsaussichten ist auch wegen der Kosten der anwaltlichen Vertretung wichtig. Nur dann, wenn die Schadenersatzansprüche des Patienten erfolgreich durchgesetzt werden, kann man Ersatz der Rechtsanwaltskosten verlangen. Führt die Tätigkeit des Rechtsanwalts nicht zum Erfolg, muss der Patient die Kosten selbst tragen, wenn er nicht rechtsschutzversichert ist (weitere Informationen dazu in Kapitel 4 „Mit diesen Kosten müssen Sie rechnen").

Wer haftet für Behandlungsfehler?

Es ist Aufgabe des Rechtsanwalts, schnellstmöglich zu klären, wer für die Folgen eines Behandlungsfehlers haftbar gemacht werden kann und soll. Nur wenn dies geschehen ist, kann der Rechtsanwalt die Ansprüche des Patienten beim richtigen Ansprechpartner vortragen und dafür sorgen, dass sie nicht verjähren.

Vertragspartner

Es haftet zunächst der Vertragspartner des Patienten. Zu bestimmen, wer auf Arztseite Vertragspartner ist, ist oft schwierig. Zunächst ist zwischen ambulanter und stationärer Behandlung zu unterschieden.

Bei ambulanter Behandlung

Ein Behandlungsvertrag über die ambulante Behandlung wird in der Regel weder mündlich noch schriftlich, vielmehr stillschweigend geschlossen: Der Patient erscheint in der Praxis und lässt sich untersuchen und behandeln. Besondere Abreden werden in aller Regel nicht getroffen. Im Regelfall kommt der Behandlungsvertrag zwischen dem Patienten und dem Inhaber der Praxis zustande. Das führt dazu, dass der Inhaber der Praxis für seine eigenen Fehler, aber auch für Fehler seiner Mitarbeiter haftbar gemacht werden kann. Erfolgt die Behandlung in einer Gemeinschaftspraxis, haften alle Inhaber der Gemeinschaftspraxis, weil sie normalerweise gemeinsam Vertragspartner des Patienten werden. In einem Medizinischen Versorgungszentrum ist der Träger üblicherweise Vertragspartner des Patienten.

Eine Praxisgemeinschaft hingegen ist nur ein organisatorischer Zusammenschluss mehrerer Ärzte zur Einsparung von Praxiskosten. Vertragliche Beziehungen bestehen nur zwischen dem Patienten und seinem behandelnden Arzt. Im Rahmen einer Urlaubsvertretung ist der Vertreter Erfüllungsgehilfe (§ 278 BGB) ohne eigene vertragliche Haftung.

Bei stationärer Behandlung

Im Rahmen einer stationären Behandlung werden in aller Regel schriftliche Verträge geschlossen. Üblich ist der sogenannte einheitliche, totale Krankenhausvertrag. Danach schuldet der Krankenhausträger Unterkunft, Verpflegung, Pflege und die ärztliche Behandlung. Der Krankenhausträger ist berechtigt, alle für ihn tätigen Behandler zur Behandlung des Patienten einzusetzen. Der Patient hat keinen Anspruch darauf, dass er durch einen bestimmten Arzt behandelt wird (BGH, Urteil vom 11.05.2010, Az. VI ZR 252/2010). Die vertragliche Haftung liegt beim Krankenhausträger, der – ebenso wie der Inhaber einer Arztpraxis – für das Verschulden seines Personals einzustehen hat.

Eine Abwandlung dieses einheitlichen, totalen Krankenhausvertrages ist der Krankenhausvertrag mit Arztzusatzvertrag. Diese Gestaltung ist in erster Linie für Privatpatienten relevant: Der Patient schließt neben dem Vertrag über die stationäre Pflege und Behandlung mit dem Krankenhausträger einen weiteren Vertrag mit dem sogenannten selbstliquidierenden Arzt, der seine Tätigkeit in Rechnung stellt – üblicherweise dem Chef- oder Oberarzt. Inhalt des Vertrages ist, dass die ärztliche Behandlung durch den Wahlarzt selbst oder seine Vertreter erfolgt. Der Patient hat damit – anders als im Regelfall – einen Anspruch darauf, dass der Wahlarzt selbst die Behandlung übernimmt. Kommt es in dieser Konstellation zu einem Behandlungsfehler, haften Krankenhausträger und Wahlarzt gemeinsam als Gesamtschuldner.

Daneben gibt es so genannte gespaltene Krankenhausaufnahmeverträge. Dieser Vertragstypus ist zunächst für das Belegarztkrankenhaus typisch. In dieser Konstellation schließt der Patient zwei Verträge: Zunächst einen Vertrag mit dem Krankenhausträger, dieser wird allerdings nur verpflichtet, Unterbringung und Pflege sicherzustellen sowie die Infrastruktur seines Krankenhauses zur Verfügung zu stellen. Einen weiteren Vertrag schließt der Patient mit dem behandelnden Arzt. Haftbar kann man den Krankenhausträger nur für Versäumnisse machen, soweit dessen Leistungsbereich betroffen ist; zum Beispiel für die stationäre Unterbringung, das Pflegepersonal, die technische Ausstattung von Operationssaal, Röntgenabteilung und sonstigen vorgehaltenen Einrichtungen. Der Belegarzt haftet hingegen für den ärztlichen Bereich und für Fehler der ärztlichen und nichtärztlichen Mitarbeiter, die seinen Anweisungen Folge zu leisten haben: zum Beispiel für eine Hebamme oder für einen ärztlichen Vertreter. Besonderheiten können sich gelegentlich im Anästhesiebereich dann ergeben, wenn die Anästhesie nicht vom Krankenhausträger vorgehalten wird. Ein Anästhesist kann selbst als Belegarzt tätig sein, er haftet dann qua Vertrag. Die Anästhesie kann aber auch für mehrere Belegärzte verschiedener Fachrichtungen vom Krankenhausträger vorgehalten werden; dann haftet der Krankenhausträger aus Vertrag über § 278 BGB für seine Erfüllungsgehilfen.

Bei ambulanter Behandlung im Krankenhaus

Unter Umständen noch schwieriger zu klären ist, wer bei einer ambulanten Behandlung im Krankenhaus Vertragspartner des Patienten ist. Diese Schwierigkeiten werden mit der vom Gesetzgeber gewollten Verzahnung zwischen ambulanter und stationärer Behandlung zunehmen.

Für die vor- und nachstationäre Behandlung gemäß § 115 a SGB V sowie für die Notfallbehandlung in den Rettungsstellen der Krankenhäuser ist der Krankenhausträger Vertragspartner des Patienten.

Ist ein Krankenhausarzt gemäß § 116 SGB V ermächtigt worden, an der ambulanten Versorgung der gesetzlich Krankenversicherten teilzunehmen, kommt allein zwischen ihm und dem Patienten ein Behandlungsvertrag zustande (BGH Urteil vom 16.11.1993, Az. VI ZR 105/92, BGHZ 124, 128).

Für die ambulante Behandlung von Privatpatienten im Krankenhaus gilt das gleiche. Vertragspartner ist der Arzt, der die Ambulanz betreibt.

Entsprechendes gilt für die ambulante Behandlung im Krankenhaus durch den Durchgangsarzt. Der Krankenhausträger kann für Fehler bei der ambulanten Behandlung im Krankenhaus des Durchgangsarztes nicht haftbar gemacht werden.

Verursacher

Neben dem Vertragspartner kann der Patient auch diejenigen Personen haftbar machen, die ihn durch die fehlerhafte Behandlung direkt geschädigt haben. Zu diesen Personen müssen keine vertraglichen Beziehungen bestanden haben. Dabei kann es sich zum Beispiel um den angestellten Arzt im Krankenhaus handeln, dem bei der Operation einen Fehler unterlaufen ist, oder um die Mitarbeiterin eines niedergelassenen Arztes, die für den Sturz eines alten Patienten von der Untersuchungsliege verantwortlich ist. Juristen sprechen hier von der deliktischen Haftung.

Notarzt, Amtsarzt und Co.

Darüber hinaus gibt es öffentlich-rechtliche Behandlungsverhältnisse, für die besondere Regelungen gelten. Als erstes ist hierbei der Notarzt zu nennen. Der Einsatz des Notarztes erfolgt auf der Grundlage der Rettungsdienstgesetze der Länder. Zur Frage, wer für Fehler des Notarztes haftet, hat sich der Bundesgerichtshof in einem Urteil vom 09.01.2003 (Az. III ZR 217/01) grundsätzlich geäußert. Wenn der Rettungsdienst öffentlich-rechtlich organisiert sei, stelle sich der Rettungsdiensteinsatz als Ausübung eines öffentlichen Amtes gemäß Art. 34 GG dar. Daraus folge, dass die Haftung für Behandlungsfehler des Notarztes den Regeln der Amtshaftung gemäß § 839 BGB, Art. 34 GG folgt. Das bedeutet, dass bei Behandlungsfehlern des Notarztes nicht dieser, sondern der Träger des Rettungsdienstes haftbar gemacht werden kann. Im bodengebundenen Rettungsdienst sind dies häufig Landkreise oder kreisfreie Städte, in vielen Ländern gibt es aber auch abweichende Regelungen, zum Beispiel Rettungszweckverbände.

Durchgangsärzte sind für die gesetzliche Unfallversicherung tätig. In der ersten Phase der Behandlung entscheiden sie für die Unfallversicherungsträger darüber, ob ein Versicherter in die berufsgenossenschaftliche Heilbehandlung übernommen werden soll oder nicht. Kommt es hierbei zu Fehlern, kann allein der Unfallversicherungsträger haftbar gemacht werden. Hat der Durchgangsarzt dann die Behandlung des Patienten begonnen, gilt allerdings das Zivilrecht: für seine Fehler bei der Behandlung des Patienten haftet der Durchgangsarzt dann wieder selbst.

Amtsärzte, Anstalts- und Truppenärzte handeln öffentlich-rechtlich, wenn sie staatliche Impfungen, Arbeitsfähigkeitsprüfungen, Gefangenenbehandlungen vornehmen: Für ihre Fehler haftet der Staat.

Schadenersatz und Schmerzensgeld

Warum Patientinnen und Patienten einen Behandlungsverlauf überprüfen lassen, ist klar: Sie möchten insbesondere Aufklärung. Unterschiedlich, aber sehr wichtig ist, wie sie weiter verfahren wollen, wenn eine Überprüfung zu dem Ergebnis geführt hat, dass sie fehlerhaft behandelt worden sind.

Manche Patienten möchten den behandelnden Arzt am liebsten im Gefängnis sehen, anderen geht es allein um den Ersatz ihrer aufgewendeten Kosten, manchen um Schmerzensgeld. In Einzelfällen geht es ihnen um berufsrechtliche Konsequenzen für den Arzt, aber oft auch nur um eine Entschuldigung oder einfach um Gerechtigkeit. Viele Patienten möchten auch erreichen, dass sich etwas ändert, dass es einem anderen Patienten in der gleichen Situation nicht ähnlich ergeht. Ihnen geht es um Fehlermanagement in der medizinischen Einrichtung.

Die Motivation bestimmt die weitere Vorgehensweise.

Im Vordergrund mag der Wunsch stehen, zunächst nur verlässlichere Informationen darüber zu erlangen, was anlässlich einer Therapie im weiteren Sinne geschehen ist. Diese Fragestellung findet sich häufig in Fällen des völlig unerwarteten Todes eines nahen Angehörigen zeitnah mit einer vorwiegend stationären Behandlung. In diesen Fällen steht – zumindest zunächst – nicht die Prüfung und Geltendmachung eines materiellen wie immateriellen Schadens im Vordergrund, vielmehr entweder ein tiefes Misstrauen gegenüber ärztlichen Aussagen und Erklärungsversuchen oder aber der Wunsch geklärt zu wissen, dass ein eigenes eher moralisch verstandenes „Mitverschulden" ausscheidet. Es geht ihnen primär um Überprüfung. Wenn ein klärendes Gutachten vorliegt, wird häufig nichts Weiteres veranlasst.

Die Mehrzahl der Patienten möchte klären, ob aufgrund eines bestimmten Sachverhaltes Schadensersatzansprüche gegen Behandelnde geltend gemacht werden können. Dabei geht es vor allem um Schmerzensgeld. Es ist darauf hinzuweisen, dass bei schweren Folgen eines Behandlungsfehlers der Ersatz des materiellen Schadens auf längere Zeit gesehen die Schmerzensgeldforderung um ein Vielfaches übersteigen kann. Beispiele dafür sind Geburtsschäden, die einen lebenslangen Verdienstausfall oder einen der Behinderung angepassten Umbau der Wohnung nötig machen.

Da es schwierig ist, die Höhe des Schmerzensgeldes und des materiellen Schadens zu bestimmen und es häufig um recht große Beträge geht, ist es selten sinnvoll, ohne die Unterstützung eines kompetenten Rechtsanwalts zu handeln: Oft bieten die Haftpflichtversicherungen den Patienten, wenn sie einigungsbereit sind, eine weitaus geringere Abfindung an, als dies die Rechtsprechung vorsieht.

Auch weil die Vorfälle in vergleichsweiser kurzer Zeit verjähren, sollte ein Anwalt zügig mandatiert werden. Er muss dann Schritte einleiten, um die Verjährung zu hemmen. Auch muss der medizinische Sachverhalt zeitnah abgeklärt und aufgearbeitet werden.

Jeder Betroffenen muss davor gewarnt werden, ohne kompetente Beratung und ohne Abwägen des Für und Wider Strafanzeige zu erstatten. Denn aus diesem vermeintlich einfachen Schritt ergeben sich insbesondere die folgenden Konsequenzen:

Nach den Statuten der Gutachterkommissionen/Schlichtungsstellen werden diese nicht tätig, solange ein staatsanwaltliches Ermittlungsverfahren wegen derselben Tatsachen anhängig ist. Wird ein Ermittlungsverfahren wegen derselben Tatsachen nach Anrufung der Gutachterkommission eröffnet, so wird das Verfahren vor der Gutachterkommission ausgesetzt.

Werden die Behandlungsunterlagen als Folge einer Strafanzeige von der Staatsanwaltschaft beschlagnahmt, können sich für den Anwalt erhebliche Schwierigkeiten bezüglich der Akteneinsicht ergeben.

Eine schleppende Bearbeitung durch die Staatsanwaltschaft mit der Folge eines erheblichen Zeitverlustes kann nicht ausgeschlossen werden.

Die Möglichkeiten zu einer späteren außergerichtlichen Regulierung werden nicht nur stark eingeschränkt, sondern sogar teilweise ausgeschlossen.

Nur im Ausnahmefall kann die Strafanzeige der einzig richtige Schritt sein.

Wird ein Rechtsgut verletzt, dann erwirbt der Patient als unmittelbar Geschädigter einen Anspruch auf Schmerzensgeld und Schadenersatz. Dieser Anspruch geht im Falle des Todes auf die Erben über. Die Erben können dann die Ansprüche des Verstorbenen geltend machen. Stirbt der Patient durch eine fehlerhafte Behandlung, haben seine Angehörigen unter Umständen eigene Ansprüche auf Schadensersatz – so die Angehörigen, die die Beerdigungskosten getragen haben, oder Ehepartner, Kinder oder anderen Personen, für die der Verstorbene bislang unterhaltspflichtig war.

Diese Schadenersatzleistungen können geltend gemacht werden

- Schmerzensgeld
- Schmerzensgeldrente
- Verdienstausfall
- Entgangener Gewinn
- Mehraufwendungen
- Haushaltsführungsschaden
- Fahrt- und Pflegekosten
- Unterhaltskosten
- Beerdigungskosten
- Anwalts- und Gerichtskosten

Schmerzensgeld

Das Schmerzensgeld hat zwei Funktionen. Zum einen dient es dazu, dem Geschädigten einen Ausgleich für die erlittenen Schmerzen und Leiden zu verschaffen und ihn in die Lage zu versetzen, sich Erleichterungen und Annehmlichkeiten zu verschaffen, die die erlittenen Einbußen zumindest teilweise ausgleichen sollen. Zum anderen soll der Geschädigte durch die Zahlung des Schmerzensgeldes Genugtuung für das erlittene Unrecht erhalten.

Die Schmerzensgelder, die die Gerichte in Deutschland zusprechen, sind nicht annähernd mit denen vergleichbar, die Geschädigte in den USA erhalten. Die Höchstsätze bei schwersten Schädigungen liegen derzeit bei etwa 500.000 Euro. Die genaue Höhe des Schmerzensgeldes wird von dem Gericht im Rahmen seines Ermessens festgesetzt und orientiert sich am Einzelfall und den bisher ausgeurteilten Beträgen bei ähnlich gelagerten Sachverhalten. Es gibt Tabellen, in denen Gerichtsurteile gesammelt sind, durch die über Schmerzensgeld entschieden wurde. An diesen Urteilen kann man sich orientieren, entscheidend ist aber immer die Einzelfallbetrachtung.

Für die Verletzung des Körpers, der Gesundheit, der Freiheit oder der sexuellen Selbstbestimmung wird Schmerzensgeld bezahlt, nicht aber für den

Tod. Ein Toter empfindet keinen Schmerz. Die Gerichte begründen Schmerzensgeldansprüche im Todesfall anhand der Leiden bis zum Tod. Eigene Schmerzensgeldansprüche erkennen die Gerichte den Hinterbliebenen nur in engen Grenzen und ausnahmsweise zu. Grundsätzlich sei der Tod eines Angehörigen ein Lebensrisiko, das von den Hinterbliebenen zu tragen sei. Nur dann, wenn die Trauer über die Umstände des Todes des Angehörigen einen eigenen Krankheitswert hat und die Gesundheit des Angehörigen deutlich mehr beeinträchtigt als beim Trauerfällen üblich, billigen die Gerichte den Angehörigen einen eigenen Schmerzensgeldanspruch zu.

Beispiel

So wurde einer Frau (OLG Köln, Beschluss vom 16.09.2010, Az. 5 W 30/10), bei der es durch den Tod ihres Lebensgefährten zu behandlungsbedürftigen psychischen Störungen mit Krankheitswert gekommen war, Prozesskostenhilfe in Höhe von 5.000 Euro zuerkannt, damit sie den Anspruch auf Schmerzensgeld vor Gericht geltend machen konnte. Das Verfahren sei erfolgversprechend, begründete das OLG den Beschluss.

Im Regelfall ist das Schmerzensgeld als einmalige Zahlung zu leisten. Eine **Schmerzensgeldrente** kann nur ausnahmsweise bei lebenslangen, schweren Dauerschäden verlangt werden, die der Verletzte immer wieder tagtäglich schmerzlich empfindet. Dies kann der Fall sein bei schweren Hirnschäden, Querschnittslähmungen, dem Verlust eines der fünf Sinne oder bei schwersten Kopfverletzungen (Brandenburgisches OLG vom 18.02.2009, 12 W 18/08).

Materieller Schadenersatz

Grundsätzlich ist der Geldbetrag zu zahlen, der den Geschädigten so stellt, wie er ohne den Behandlungsfehler stehen würde. Als Schadenpositionen ist der Verdienstausfall, der entgangene Gewinn, Kosten für die Heilbehandlung, vermehrte Bedürfnisse, Fahr- und Pflegekosten, Anwalts- und Gerichtsgebühren sowie Beerdigungskosten zu nennen. Bei all diesen Positionen des Schadenersatzes ist zu prüfen, ob der Patient diese selbst überhaupt geltend machen kann. Denn in vielen Fällen besteht ein sogenannter gesetzlicher Forderungsübergang. So hat normalerweise die Krankenkasse für die durch den Behandlungsfehler notwendig gewordenen Folgebehandlungen bezahlt und nicht der Patient. Er kann deshalb diese Kosten nicht geltend machen. Das kann nur die Krankenkasse, weil der Schadenersatz des Patienten auf sie übergegangen ist. Ähnlich verhält es sich bezüglich der Entgeltfortzahlung durch den Arbeitgeber: Kommt es aufgrund des Behandlungsfehlers zu einer Arbeitsunfähigkeit des Patienten, muss er für sechs Wochen das Entgelt weiter bezahlen – der Anspruch des Patienten auf Ersatz des Verdienstausfalls für diesen Zeitraum geht auf den Arbeitgeber über.

Im Einzelnen:

Der **Verdienstausfall** wird immer auf den Einzelfall bezogen berechnet. Dabei gibt es große Unterschiede zwischen Nichtselbstständigen und Selbstständigen. Da ein Arbeitnehmer im Allgemeinen gleichbleibende Einkünfte erzielt, wird hier das zu erwartende Einkommen anhand der Bezüge in der Vergangenheit errechnet. Häufig werden jedoch im Laufe eines Jahres weitere Zahlungen wie Urlaubsgeld oder Weihnachtsgeld gezahlt, die ebenfalls berücksichtigt werden müssen. Von diesem zu erwartenden Einkommen sind die tatsächlich erfolgte Entgeltfortzahlung des Arbeitgebers und Krankengeldzahlungen der gesetzlichen Krankenversicherung abzuziehen.

Beim Berechnen des Verdienstausfalls eines Selbstständigen ist konkret zu fragen, in welcher Höhe dem Geschädigten durch die Verletzung ein **Gewinn entgangen** ist. Die Fixkosten des Selbstständigen, wie zum Beispiel Gehälter von Mitarbeitern und Miete für Geschäftsräume, sind nicht zur Begründung von Schadenersatzansprüchen geeignet. Auch ist der Umsatz, der mit Aufträgen erzielt worden wäre, die verletzungsbedingt nicht angenommen werden konnten, nicht geeignet, den Verdienstausfallschaden des Selbstständigen zu beziffern. Gleiches gilt für die Kosten einer Ersatzkraft. Erforderlich ist vielmehr der Nachweis, dass der Gewinn in der Abrechnungsperiode, in die die Verletzung und ihre Folgen fallen, deshalb gegenüber dem Gewinn, der ohne die Verletzung zu erwarten gewesen wäre, zurückbleibt. Dieser Sollzustand wird regelmäßig anhand der Gewinnentwicklung der Vorjahre prognostiziert. Der Geschädigte muss auch nachweisen, dass der Gewinn tatsächlich wegen der Verletzung zurückgegangen ist und nicht auf Grund anderer Umstände wie Auftragsrückgang und nachlassende Konjunktur. Die Gerichte holen hier häufig Sachverständigengutachten ein.

Nicht nur bei Selbstständigen ist der Nachweis des Verdienstausfalls oft schwierig. Auch bei Kindern steht man hier vor großen Problemen: Welchen Beruf hätte ein Kind ergriffen, das im Alter von fünf Jahren schwer geschädigt wurde? Welchen Verdienst hätte es erzielen können? Hätte ein Arbeitsloser wieder eine Stelle gefunden? Diese Probleme hat der Gesetzgeber gesehen und den Geschädigten den Nachweis ihres Verdienstausfalls in § 252 BGB erleichtert.

Bei den **Mehraufwendungen** sind alle Schadenpositionen zu ersetzen, die ein von einem verständigen, vernünftigen und wirtschaftlich denkenden Geschädigten aufgewendet wurden beziehungsweise aufgewendet werden, um den zugefügten Nachteil auszugleichen. Ist nach einer Bandscheibenoperation das Bein des Patienten gelähmt, kann dieser sein Auto umrüsten lassen, damit er es weiter nutzen kann. Ein Patient, der durch die Folgen einer fehlerhaften Behandlung querschnittgelähmt ist, hat Anspruch darauf, dass ihm die Kosten für den behindertengerechten Umbau seines Hauses oder seiner Wohnung ersetzt werden. Ist die durch den Behandlungsfehler verursachte Behinderung so schwerwiegend, dass der Patient gepflegt werden muss, so kann dieser die Kosten der Unterbringung in einem Pflegeheim oder der Betreuung durch Pflegekräfte zu Hause verlangen. Anzurechnen sind allerdings Zahlungen der Kranken- oder Pflegekasse, denn auch hier geht der Anspruch des Patienten über.

Ist der Verletzte in seiner Leistungsfähigkeit eingeschränkt, führt dies auch dazu, dass die Führung seines Haushalts erschwert ist. Dieser **Haushaltsführungsschaden** ist gemäß § 843 BGB durch Zahlung einer Geldrente auszugleichen. Dabei ist nicht erforderlich, dass der Geschädigte zum Ausgleich eine bezahlte Ersatzkraft anstellt. Auch dann, wenn Angehörige oder sonstige Dritte das Defizit unentgeltlich ausgleichen, besteht ein Anspruch auf Zahlung des Nettoentgelts, das an eine Hilfskraft zu zahlen gewesen wäre (BGH NJW-RR 90,34). Derzeit wird von einem Stundenlohn von neun Euro ausgegangen. Den Haushaltsführungsschaden darzulegen ist aufwendig: Welche Arbeiten fallen im Haushalt des Geschädigten an, und in welchem Umfang ist er dabei durch die Verletzung eingeschränkt? Diese Probleme löst die Rechtsprechung, indem sie den Nachweis erleichtert. In einem Urteil vom 03.02.2009 (Az. VI ZR 183/08) hat der Bundesgerichtshof festgestellt, dass die Gerichte berechtigt sind, den Umfang des Haushaltsführungsschadens gemäß § 287 ZPO mit Hilfe der Tabelle von Schulz-Borck/Pardey zu schätzen, sofern keine Anhaltspunkte für eine abweichende Beurteilung vorliegen. Diese Rechtsprechung ist in einem weiteren Urteil vom 22.05.2012 (Az. VI ZR 157/11) bestätigt.

Ansprüche der Hinterbliebenen

Die **Kosten der Beerdigung** können die Erben des Geschädigten als Schaden geltend machen. Dies ist unabhängig davon, dass diese zu einem anderen Zeitpunkt ebenfalls angefallen wären (OLG Düsseldorf OLGR 1994, 218 = ZfS 1994, 405).

Ist der Patient durch einen Behandlungsfehler zu Tode gekommen, haben diejenigen Personen, die gesetzliche Unterhaltsansprüche gegen den Patienten hatten, einen eigenen Anspruch auf Schadenersatz wegen des **Verlustes ihres Unterhaltsanspruchs**. Praktisch relevant wird dies in erster Linie für unterhaltsberechtigte Ehepartner und minderjährige Kinder.

Wenig praktische Bedeutung haben Fälle, wo ein Hinterbliebener eigene Ansprüche gegen den Arzt haben kann. Gemäß § 845 BGB hat derjenige, der einen gesetzlichen Anspruch auf die Mithilfe des Verletzten im Haushalt oder in seinem Betrieb hatte, eigene Ersatzansprüche, wenn der Verletzte zu Tode kommt oder aufgrund der Verletzung die geschuldeten Dienste nicht mehr leisten kann. Relevant ist dies eigentlich nur, wo ein unterhaltsberechtigtes Kindes gesetzlich zur Mithilfe in Haushalt oder Betrieb der Eltern gemäß § 1619 BGB verpflichtet ist. Hierbei handelt es sich um einen eigenen Anspruch der Eltern. Doch die Mithilfe von Kindern ist nicht nur tatsächlich, sondern auch familienrechtlich eingeschränkt, und deshalb haben solche Fälle nur eine geringe Bedeutung.

Schwierig wird es, wenn durch einen Behandlungsfehler ein Kind geschädigt wird, für dessen Pflege und Versorgung den Eltern ein erheblicher Aufwand entsteht: Zum einen pflegen sie das Kind in ihrer Freizeit, zum anderen müssen sie Verdienstausfall hinnehmen, weil sie nicht in dem Umfang arbeiten können wie vorher. Bei diesem Aufwand handelt es sich rechtlich um einen Anspruch auf Ersatz des Pflegemehrbedarfs gemäß § 843 Abs. 1 BGB. Die Eltern könnten externe Pflegekräfte einschalten und deren Kosten ersetzt verlangen. Deshalb ist grundsätzlich allein der Wert der Pflegeleistungen zu ersetzen. Das Gehalt des Elternteils, der seine Arbeit für die Pflege des behinderten Kindes aufgibt, wird nur manchmal – im Regelfall bei eher nicht so gut verdienenden Eltern – als Maßstab für die Bemessung des Werts der Pflegeleistung genommen. Dass der Verdienstausfall der Eltern nicht zum Schadenersatz gehört, hat der BGH in einem Urteil vom 04.03.1997 – VI ZR 354/95 – dargelegt.

Schritt 1: Außergerichtliches Anspruchsschreiben

Wenn geklärt ist, ob ein Anspruch besteht und gegen wen sich dieser richtet, macht der Anwalt die Ansprüche des Patienten gegenüber dem Gegner geltend und setzt eine Frist. Es empfiehlt sich, zunächst den Tatbestand objektiv zu beschreiben und diesen dann zu bewerten. In der Bewertung ist zu begründen, worin der Fehler gesehen wird und zu welchem Schaden dieser geführt hat. Auch sind die beweisrechtlichen Würdigungen einzuschätzen. Bei dem ersten Anspruchsschreiben sollte man den Schaden- und Schmerzensgeldanspruch nicht beziffern, da dies in der sachlichen Auseinandersetzung zusätzlich emotionalisiert, wie immer wenn es ums Geld geht. Es ist sinnvoll, den Arzt ausdrücklich aufzufordern, seine Haftpflichtversicherung von dem Schadenfall zu unterrichten, damit diese über die Ansprüche entscheiden kann. Selten nur nimmt der Gegner innerhalb der gesetzten Frist Stellung, so dass eine Erinnerung notwendig ist.

Gut zu wissen

Da es Ziel sein sollte, sich außergerichtlich zu einigen, ist es notwendig, den Schwerpunkt auf diesen Verfahrensabschnitt zu legen und nicht zu schnell in ein gerichtliches Verfahren zu wechseln.

Es ist zwar nachvollziehbar, dass die Geduld des Patienten irgendwann erschöpft ist, aber das ist nicht zielführend. Die Wege, die vor der Stellungnahme gegangen werden müssen, sind oftmals lang. Das Anspruchsschreiben muss an die Haftpflichtversicherung weitergeleitet werden, diese fordert im Allgemeinen den Arzt über die Verwaltung des Krankenhauses zu einer Stellungnahme auf. Der Abteilungsleiter lässt den Vorgang von dem behandelnden Assistenz- oder Oberarzt prüfen, prüft selbst die Stellungnahme, bis er diese an die Verwaltung weiterleitet und diese sie dann an die Versicherung gibt, die ihrerseits prüft, ob diese ausreichend ist. Zuweilen schaltet die Haftpflichtversicherung noch einen beratenden Arzt ein, bis schließlich eine Stellungnahme bei dem Anwalt eingeht.

Einigung

Die Haftung dem Grunde nach wird nur in Ausnahmefällen anerkannt. Im Allgemeinen werden konkrete Einwände zum Haftungsgrund erhoben und es folgt ein Vorschlag der Haftpflichtversicherung zur weiteren Verfahrensweise. Bestenfalls wird die Bereitschaft signalisiert, sich zu vergleichen, dann müssen die Ansprüche beziffert werden. Unter Berücksichtigung der Risikogesichtspunkte folgt ein Vorschlag für eine Einigung.

Gut zu wissen

Außergerichtliche Einigungen erfolgen fast immer, ohne dass ein Behandlungsfehler vom Gegner schriftlich anerkannt wird. Dies ist im Ergebnis aber unschädlich. Mit einer Einigung wird die Angelegenheit abgeschlossen und da ist es egal, ob der Haftungsgrund anerkannt ist oder nicht.

● ●

Zuweilen schlägt die Haftpflichtversicherung vor, dass die Angelegenheit im Schlichtungsverfahren oder durch einen externen Gutachter überprüft werden soll. Es ist auch hier immer eine Frage des Einzelfalls zu entscheiden, ob man auf den Vorschlag der Haftpflichtversicherung eingeht.

Problematisch gestalten sich die Fälle, in denen es wahrscheinlich ist, dass es in der Zukunft zu weiteren Schäden kommt. Da die Haftpflichtversicherung die Angelegenheit endgültig abgeschlossen haben möchte, ist ihr daran gelegen, den Patienten durch eine einmalige Zahlung endgültig abzufinden. Ob ein derartiger Abfindungsvergleich im Interesse des Patienten ist, muss im Einzelfall geprüft werden.

Schritt 2: Das gerichtliche Verfahren

Wenn man sich außergerichtlich nicht einigen kann, muss zur Durchsetzung von Ansprüchen des Patienten Klage erhoben werden. In der Klage müssen die Ansprüche des Klägers genau begründet werden. Auch Nachweise für alle Schadenpositionen sind erforderlich. Deshalb ist es sinnvoll, im Vorfeld sämtliche Belege gesammelt und die Termine und Aufwendungen notiert zu haben. Man muss auch nachweisen können, wie hoch der Verdienstausfall ist, den es einzuklagen gilt. Die persönlichen Verhältnisse müssen dargestellt werden, um den Haushaltsführungsschaden, den der Patient erlitten hat, berechnen zu können. Wie viele Kilometer ist der Patient gefahren, um zu den sich an den Behandlungsfehler anschließenden Therapien zu fahren, damit die Kilometer-Pauschale geltend gemacht werden kann. Teilweise ist das eine Sisyphos-Arbeit.

Wenn die Klage eingereicht ist, beginnt der Austausch der Argumente. Ob nun eine Behauptung wahr oder nicht wahr ist, kann das Gericht selbst selten beurteilen. Insoweit ist es auf einen medizinischen Gutachter, den Sachverständigen angewiesen. Das Gericht erlässt daher fast immer einen Beweisbeschluss. Die Parteien tragen ihre Sicht des Falles vor, die sich daraus ergebenden Fragen werden gestellt, um beurteilen zu können, ob und wie der Beklagte seine Pflicht aus dem Behandlungsvertrag verletzt hat und welcher Schaden dadurch dem Kläger entstanden ist. Dann wird ein Sachverständiger gesucht und beauftragt. Er schreibt ein Gutachten. Dem Sachverständigen stehen sämtliche Unterlagen über den gesamten Behandlungsverlauf zur Verfügung. Damit hat der vom Gericht bestellte Sachverständige einen umfassenden Überblick und kann die Behandlung auf dieser Grundlage bewerten. Zu dem dann vorliegenden Gutachten nehmen die Parteien Stellung. Wenn eine Partei mit dem Gutachten unzufrieden ist, ergänzt der Gutachter es noch und kommt auf Antrag zu einer persönlichen Anhörung zum Gerichtstermin. Dass zumindest eine Partei mit den Aussagen in dem Gutachten unzufrieden ist, liegt in der Natur der Sache. Ab Klageerhebung vergehen so meistens zwei bis drei Jahre. Häufig schlagen die Gerichte den Parteien aufgrund der Aussagen des Sachverständigen einen Vergleich vor. Einigt man sich im Wege eines von dem Gericht vorgeschlagenen Vergleichs, endet hier unwiderruflich das Verfahren.

Kommt das Gutachten zu einer eindeutigen Aussage, dass kein Behandlungsfehler vorliegt, und sind die Argumente des Sachverständigen nachvollziehbar, so kann überlegt werden, die Klage zurückzunehmen. Wenn auch eine Berufung keine Erfolgsaussicht hat, kann das Einiges an Geld sparen. Wird die Klage nicht zurückgenommen, erlässt das Gericht ein Urteil, in dem die Gründe für den Erfolg oder Misserfolg der Klage stehen. Dieses wird den Parteien zugestellt, und ab dem Zeitpunkt läuft die Frist: Es bleibt ein Monat Zeit, Berufung einzulegen, und einen weiteren Monat, die Berufung zu begründen.

Der Sachverständige spielt eine zentrale Rolle im Arzthaftungsprozess, denn das Gericht entscheidet auf der Grundlage seiner Bewertungen. Das Gericht soll im Ergebnis beurteilen, ob der Arzt seine berufsspezifischen Sorgfaltspflichten verletzt hat. Das kann es nicht aus eigener Sachkunde heraus, weshalb es einen Sachverständigen zu Hilfe nehmen muss, der den berufsfachlichen Sorgfaltsmaßstab beurteilt. Bei der Auswahl des Sachverständigen sind einige Dinge zu berücksichtigen. Der Sachverständige muss zunächst aus dem Fachgebiet des beklagten Arztes kommen. Ein Orthopäde muss einen Orthopäden beurteilen. Sollte die Beurteilung von nachfolgend aufgetretenen Nervenschäden notwendig sein, so wird später hierfür ein Neurologe befragt.

Die Klageparteien haben (leider) kaum Einfluss auf die Wahl des Sachverständigen. Es gibt Ausreißer zugunsten und zuungunsten einer Partei. Ein Sprichwort sagt: „Eine Krähe hackt der der anderen kein Auge aus." Das ist häufig wahr. Aber manchmal ist es auch genau umgekehrt: Da lässt der Sachverständige an seinem Kollegen kein gutes Haar – aus welchen Gründen auch immer.

Es empfiehlt sich, mit der Klage ein vorliegendes Privatgutachten einzureichen, sofern es die Argumentation des Klägers bestätigt. Das Gericht ist verpflichtet, sich intensiv mit den Aussagen in Privatgutachten auseinanderzusetzen und Widersprüche zwischen den beiden Gutachten aufzuklären. Das Privatgutachten muss die gleiche Aufmerksamkeit erfahren wie das Gutachten des Sachverständigen. So sagt es die Rechtsprechung. Dies ist aber äußerst theoretisch. Immer wieder erlebt man, dass der kompetente Privatgutachter eine äußerst transparente, in sich geschlossene Bewertung abgegeben hat, und die Bewertung des Sachverständigen in einem Widerspruch dazu steht. Wenn nun der Sachverständige sich mit den Argumenten des Privatgutachters auseinandergesetzt und für das Gericht nachvollziehbar diese Auffassung widerlegt hat, so wird dem Sachverständigen geglaubt. So sieht es die Rechtsprechung ebenfalls vor. Wenn aber beide Gutachten in sich nachvollziehbar sind, müsste das Gericht eigentlich einen weiteren Sachverständigen berufen. Das passiert aber nur sehr selten. Das Gericht entscheidet nach eigenem Ermessen, ob es einen weiteren Sachverständigen bestellt. Und so werden viele Urteile in Verfahren gesprochen, in denen die Beweisaufnahme eigentlich durch Einholung eines weiteren Gutachtens hätte fortgesetzt werden müssen.

Der Vergleich

Man sollte gerade in arzthaftungsrechtlichen Streitigkeiten stets bemüht sein, eine Lösung im Wege des Vergleichs zu erreichen – sowohl außergerichtlich, als auch im gerichtlichen Verfahren. Ein Vergleich ist ein Kompromiss, durch den die Parteien den Rechtsstreit beenden: Die Haftpflichtversicherung des

Arztes oder des Krankenhauses zahlt dem Patienten eine Summe, die regelhaft unter dem liegt, was der Patient gefordert hatte. Dafür erklärt der Patient seine Forderungen für erledigt. Der Abschluss eines Vergleichs bietet sich an, wenn auch nach Einholung eines Gutachtens unsicher ist, wie das Gericht entscheiden wird. Wenn beide Parteien damit rechnen müssen, möglicherweise zu verlieren, ist es sinnvoll, über einen Vergleich zu reden, nach dem Motto: „Der Spatz in der Hand ist besser als die Taube auf dem Dach." Auch das Gericht versucht, die Parteien zu einem Vergleich zu bewegen. Das macht es nicht, wie von vielen angenommen, weil es in diesem Fall kein Urteil schreiben muss – das ist ein angenehmer Nebeneffekt –, sondern weil Paragraf 278 Abs. 1 der Zivilprozessordnung das so vorgibt: „Das Gericht soll in jeder Lage des Verfahrens auf eine gütliche Beilegung des Rechtsstreits oder einzelner Streitpunkte bedacht sein." Der Kompromiss, wie im täglichen Leben auch, stellt meist einen guten Weg dar, eine Streitigkeit aus der Welt zu schaffen. Wenn – wie üblich – die endgültige Abfindung des Patienten vereinbart wird, ist die Angelegenheit damit abgeschlossen. Der Rechtsstreit endet, Rechtsmittel, Nachforderungen, weitere Klagen, sind ausgeschlossen. Mit einem Vergleich ist die Angelegenheit endgültig abgeschlossen.

Gerade in arzthaftungsrechtlichen Streitigkeiten stellt sich selten ein tragfähiges Gefühl von Recht und Unrecht, von schwarz oder weiß, von gut oder böse ein. Egal wie das Verfahren endet. Es geht vielmehr immer um eine sachgerechte Lösung im Einzelfall. Das Arzthaftungsrecht ist bunt, es ist gestreift, gepunktet und überwiegend sind es Grautöne, die bewertet werden müssen. Es stellt ein Konfliktfeld dar, das für beide Seiten stark emotional geprägt ist: für den Patienten wegen der gesundheitlichen Einbußen, mit denen er leben muss. Kommt ein Patient zu Tode, müssen die Angehörigen mit dem Verlust eines geliebten Menschen leben. Die beteiligten Ärzte werden mit den unerwünschten Folgen ihres Handelns konfrontiert. Ist ein Behandlungsfehler festgestellt worden, müssen sie sich damit auseinandersetzen, dass ein Mensch nachhaltig geschädigt worden ist, weil sie einen Fehler gemacht haben. Ein Vergleich trägt dem Rechnung, weil er eine sachgerechte Lösung für den Ausgleich eines Schadens schafft und die Auseinandersetzung beendet, auch wenn nicht alle Fragen geklärt werden. Danach haben alle Beteiligten zumindest die Chance, abzuschließen und nach vorn zu sehen.

Mediation

Die Mediation ist ein freiwilliges Verfahren, das in den USA (in den 60er und 70er Jahren des letzten Jahrhunderts) entwickelt wurde. Gerade in den emotional geprägten Bereichen wie dem Familien-, Erb- und Medizinrecht nimmt die Mediation, die Vermittlung, zunehmend in der anwaltlichen Tätigkeit Raum ein und wird häufig nicht nur im Vorfeld, sondern auch innerhalb des gerichtlichen Verfahrens angeregt. Es bietet den Parteien die Möglichkeit, unter der Vermittlung eines neutralen „Dritten", des Mediators, eine Konfliktlösung in Form eines Vergleichs zu suchen. Im Gegensatz zu einem gerichtlichen Verfahren, in dem der Patient selten das Gefühl hat, ausreichend gehört zu werden, ist es geeignet, auch die Gegenposition berücksichtigen zu können und Argumente auszutauschen. Da hinter dem Behandelnden fast immer die Haftpflichtversicherung steht, sind angemessene Vergleiche jedoch selten möglich, da die Frage, ob ein vermeidbares behandlungsfehlerhaftes Verhalten zu dem Schaden des Patienten geführt hat, meist noch nicht geklärt ist. Und ohne diese Feststellung weigern sich die Versicherungen meist, einen Vergleich zu schließen, der sie Geld kostet.

Spezialfall Zahnarzthaftung

Die Zähne liegen dicht bei den Hirnnerven. Wer jemals Zahnschmerzen hatte, der weiß, wie schmerzhaft diese sei können und wie unerträglich. Wenn die Prothetik nicht stimmt, für die der Patient auch noch viel Geld bezahlt hat, wenn man nicht mehr richtig essen kann und sich nicht mehr traut zu lachen, dann hört der Spaß auf.

Im Prinzip gelten für die Haftung des Zahnarztes die gleichen Regeln wie für die Arzthaftung: Der Zahnarzt muss dem Patienten eine Behandlung vorschlagen, die dem zahnärztlichen Standard entspricht, ihn über deren Risiken aufklären und, nachdem der Patient zugestimmt hat, die Behandlung korrekt ausführen. Es gibt aber einige Besonderheiten.

Führt der Zahnarzt eine Zahnersatzbehandlung durch, gewährt er für seine Arbeit eine Gewährleistung – das ist etwas, das es im Bereich der Arzthaftung nicht gibt. Treten innerhalb der Gewährleistungszeit Mängel auf, muss der Zahnarzt nachbessern und diese beseitigen. Worauf der Mangel zurückzuführen ist, ist dabei zunächst unerheblich.

Kleinere Mängel können und werden im Allgemeinen problemlos vom Zahnarzt behoben. Wenn der Maler vergessen hat, eine Wand ein zweites Mal zu streichen, so ruft der Kunde ihn an, teilt ihm dies mit und er wird seine Arbeit korrigieren. Der Kunde kann in diesem Fall nicht gleich einen anderen beauftragen und die Kosten hierfür dem ersten in Rechnung stellen. Das wäre auch nicht fair.

Was passiert aber bei größeren Mängeln, die nicht leicht zu beseitigen sind, wo auch die zwanzigste Nachbesserung nicht zum Erfolg geführt hat. Manchmal sind die Mängel so gravierend, dass ein Zahnersatz ganz neu angefertigt werden muss – und das tut der Zahnarzt selten freiwillig, weil er das nicht bezahlt bekommt, obwohl es eine Arbeit im Rahmen seiner Gewährleistung wäre. Auch stellt sich die Frage, ob und wann der Patient in einem derartigen Fall den Zahnarzt wechseln kann. Denn der Patient hat sicherlich kein Vertrauen mehr zu seinem Zahnarzt, wenn dieser schlecht gearbeitet hat und sich weigert, den Patienten von seinen Problemen zu befreien. Und wer bezahlt den neuen Zahnarzt für seine Leistung? Was ist mit dem Geld, das der Patient aus eigener Tasche zugezahlt hat? Und steht dem Patienten nach einer langen Zeit, in der er von Zahnschmerzen geplagt ist, ein Schmerzensgeld zu?

Der Bundesgerichtshof hat sich zu dem Problem des Zahnarztwechsels im März 2011 geäußert und in einem Urteil (Az. VI ZR 133/10) festgestellt, dass der Patient berechtigt ist, den Behandlungsvertrag mit dem Zahnarzt zu kündigen, wenn dieser vertragswidrig handelt, wozu auch mangelhafte Leistungen zählen. Der Patient muss also nicht bei seinem Zahnarzt bleiben. Er kann zu einem anderen gehen. Unter bestimmten Voraussetzungen muss er dem Zahnarzt auch kein Honorar bezahlen oder kann er gezahltes Honorar zurückfordern. Das geht, wenn der Vertragsverstoß des Zahnarztes nicht geringfügig war und die von ihm erbrachten Leistungen für den Patienten nicht mehr von Interesse sind.

Der Patient muss dem Zahnarzt aber nachweisen, wie im allgemeinen Arzthaftungsrecht, dass ein Behandlungs- und/oder Aufklärungsfehler vorliegt und dass dieser – und nichts anderes – Ursache des Schadens ist. Die Beweislast liegt also auch hier wieder bei dem Patienten. Wenn er das nachgewiesen hat, so kann er auch Schadenersatz und Schmerzensgeld verlangen. Die Voraussetzungen dafür sind die gleichen wie bei den Ärzten: Schadenersatz und Schmerzensgeld kann verlangt werden, wenn der Patient zum Beispiel nicht ausreichend aufgeklärt war. Ganz typisch sind Schädigungen von Gesichtsnerven durch schmerzausschaltende Spritzen. Dass diese sogenannten Leitungsanästhesien zu Nervenschäden führen können, ist bekannt. Deshalb ist auch darüber aufzuklären, was häufig nicht geschieht. Problematisch ist allerdings in diesen Fällen, dass hier der Einwand des Zahnarztes nahe liegt, dass der Patient auch bei korrekter Aufklärung in die Anästhesie eingewilligt hätte. Wer würde schon ohne eine ausreichende Anästhesie eine Wurzelbehandlung machen lassen? Es gibt aber eine Reihe von Urteilen, in denen Gerichte Patienten ein Schmerzensgeld für die Folgen einer rechtswidrig durchgeführten Leitungsanästhesie zugesprochen haben, wenn hinterher eine Nervenschädigung auftrat, da der Patient nicht ordnungsgemäß über dieses Risiko aufgeklärt worden war.

Schadenersatz kann natürlich auch verlangt werden, wenn der Zahnarzt fehlerhaft gehandelt hat. Dazu gehören beispielsweise Kronenränder, die nicht dicht schließen, Zahnersatz, der bereits mangelhaft geplant ist und daher nicht funktionieren kann, oder Implantate, die nicht achsengerecht eingesetzt werden. Die Spielregeln sind auch hier die gleichen wie beim Arzt. Verstößt der Zahnarzt gegen den zahnärztlichen Standard, liegt ein Behandlungsfehler vor. Der Zahnarzt muss für alle Schäden haften, die durch den Behandlungsfehler entstanden sind. Auch hier ist es schwierig nachzuweisen, dass bestimmte Schäden direkte Folge eines Behandlungsfehlers sind: Hat der Patient den Zahn verloren, weil der Zahnersatz falsch angepasst war, oder war die Parodontose, für die der Zahnarzt nicht unbedingt etwas kann, der Grund. Deshalb gibt es auch in der Zahnarzthaftung die Beweislastumkehr bei groben Behandlungsfehlern oder bei unterlassener Befunderhebung.

Zum Nachweis eines Fehlers des Zahnarztes eignet sich die Anfertigung eines Gutachtens. Während die Ärztekammern bundesweit grundsätzlich kostenfreie Schlichtungsverfahren zur Klärung der Frage anbieten, ob ein Behandlungsfehler vorliegt oder nicht, ist dies leider bei den Zahnärztekammern nicht überall der Fall. Unterstützung erhalten die gesetzlich krankenversicherten Patienten im Regelfall durch ihre Krankenkassen. Alle Krankenkassen bieten ihren Mitgliedern nach Zahnersatzbehandlungen an, diese auf Mängel, die zur Gewährleistung führen, begutachten zu lassen. Die Krankenkasse kann sich bei einer Schlechtleistung nämlich das Honorar bei dem Zahnarzt, der dafür verantwortlich ist, zurückholen. Für den Patienten können diese Gutachten Grundlage dafür sein, Schaden- und Schmerzensgeldansprüche geltend zu machen. Denn häufig sind Mängel auf Behandlungsfehler zurückzuführen. Bei den Gutachten, die durch die Krankenkasse in Auftrag gegeben werden, kann es unter Umständen schwierig sein, zahnärztliche Behandlungen überprüfen zu lassen, die keine Kassenleistung sind. Zu nennen ist hier eine konservierende Behandlung oder eine Versorgung mit Implantaten. Ob und wie weit die Krankenkasse hier helfen kann, ist eine Frage des Einzelfalls.

Gut zu wissen

Der Patient sollte also zunächst die Behandlung und den Ist-Zustand zahnärztlich begutachten lassen. Die Krankenkassen unterstützen ihn hierbei und kommen für die Kosten der Begutachtung auf. Mit diesem Gutachten kann man zunächst versuchen, sich außergerichtlich zu einigen.

Da der Schaden bei Zahnarztfällen meist kleiner als bei anderen Arzthaftungsfällen ist und es damit auch um geringere Beträge geht, sollte man meinen, dass es deshalb einfacher zu außergerichtlichen Einigungen kommt. Diese Annahme ist aber falsch: Zum einen muss auch der Zahnarzt nicht die Aussagen des Privatgutachters akzeptieren, zum anderen kommt die Haftpflichtversicherung der Zahnärzte im Regelfall nicht für alle Ansprüche des Patienten auf. Sie zahlt in der Regel nur das Schmerzensgeld. Der Zahnarzt muss bei den übrigen Schadenersatzzahlungen in die eigene Tasche greifen. Muss der Zahnersatz neu hergestellt werden, so hat der Zahnarzt die Kosten hierfür selbst zu zahlen. Und Patienten, die bei größeren zahnärztlichen Behandlungen manchmal auch fünfstellige Beträge zugezahlt haben, können dieses Honorar selbstverständlich zurückfordern. Auch diese Forderung muss der Zahnarzt, wenn sie zu Recht geltend gemacht wird, aus eigener Tasche begleichen. Insofern sind außergerichtliche Lösungen in Form eines Vergleichs schwierig. Häufiger als auf dem Gebiet des Arzthaftungsrechts werden Prozesse geführt und durch Urteil entschieden. Und diese Verfahren dauern. Etwa zwei Jahre für die erste Instanz.

Das selbstständige Beweisverfahren bei der Zahnarzthaftung

Das Problem für den Patienten ist, dass er das corpus delicti in seinem Mund mit sich herum trägt, was das Beweisstück in dem Verfahren ist und irgendwann im Laufe des Rechtsstreits begutachtet wird. Und wenn der Patient nicht riskieren will, den Prozess zu verlieren, weil er nicht mehr beweisen kann, was der beklagte Zahnarzt bei ihm für eine Arbeit abgeliefert hat, kann er seine Zähne bis zum endgültigen Abschluss des Rechtsstreits nicht neu versorgen lassen. Er wünscht sich aber doch nichts mehr, als dass eine weitere Behandlung ihn von seinen Beschwerden befreit. In Hinblick auf die Beweislage wäre das aber kontraproduktiv. Wechselt er den Zahnarzt und lässt sich von seinen Beschwerden befreien, riskiert er, dass sich die Beweislage im Prozess zu seinen Ungunsten verändert. Denn schließlich wird der Beweis, die schlechte vorhergehende Versorgung, durch die Nachbehandlung beeinflusst.

Einen Ausweg in dieser Situation stellt die Durchführung eines selbstständigen Beweisverfahrens dar. Das selbstständige Beweisverfahren dient zur schnellen Klärung eines Sachverhalts durch ein vom Gericht eingeholtes Gutachten. Bereits nach wenigen Monaten liegt das Gutachten vor. Die Feststellungen, die in diesem Gutachten getroffen werden, sind in dem weiteren Verfahren und für den behandelnden Zahnarzt bindend. Der Patient kann sich im Anschluss weiter behandeln lassen und muss nicht befürchten, dass er dem

Zahnarzt seinen Fehler dann nicht mehr nachweisen kann. Das selbstständige Beweisverfahren ist ein geeignetes und relativ schnelles Mittel, den Nachweis des Ist-Zustandes von Zähnen und Zahnersatz zu sichern, wenn wegen Schmerzen oder anderer Beschwerden des Mandanten ein kurzfristiger Eingriff erforderlich wird, der den Zustand ändern wird.

Zu beachten ist, dass das Verfahren nicht dazu dient, einen Behandlungsfehler festzustellen. Es dient allein dazu, den Ist-Zustand festzuhalten. Aber: Der Zahnarzt muss diesen in diesem Verfahren begutachteten Ist-Zustand akzeptieren, insofern kann man versuchen, sich dann auf dieser Basis zu einigen, ohne dass eine Klage im eigentlichen Sinne erhoben wird.

Wenn das Ausmaß des Schadens und damit das Kostenrisiko für eine Korrektur gering ist, kann auch daran gedacht werden, aus Zeit- und Kostengründen einen Zahnarzt mit der (Foto-)Dokumentation und genauen Befunderhebung zu beauftragen, um später, soweit erforderlich, auch in einem gerichtlichen Verfahren, auf den Arzt als (sachverständigen) Zeugen zurückgreifen zu können.

Wichtig ist, dass die Durchführung des selbstständigen Beweisverfahrens die Verjährung hemmt. Es kann dafür auch Prozesskostenhilfe bewilligt werden.

Behandlung im Ausland

Immer mehr Patientinnen und Patienten lassen sich im Ausland behandeln – gerade im Bereich der Schönheitschirurgie und der Zahnprothetik. Sie glauben, einen gleich schönen Zahnersatz für weniger Geld zu bekommen, für die vergrößerten Brüste weniger zahlen zu müssen.

Schönheitsoperationen im Ausland durchführen zu lassen ist verlockend. Die Preise sind weit niedriger als in Deutschland. Verbinden kann man den Eingriff mit ein paar Tagen Urlaub. Weil eine Schönheitsoperation medizinisch nicht notwendig ist, müssen Patienten dafür selbst bezahlen. Eine Brustvergrößerung kostet in Deutschland etwa 5.000 Euro. Ein stolzer Preis. Und für eine schöne Keramik-Prothetik für die Zähne zahlt man auch leicht einen fünfstelligen Betrag aus eigener Tasche dazu, weil die Krankenkassen für diese „Luxus-Versorgung" nicht aufkommen, die Implantate meist medizinisch nicht notwendig sind. Eindeutige Angebote von ausländischen Ärzten und Einrichtungen, die Behandlungen für weit weniger Geld durchführen, sind im Internet zu finden.

Doch die medizinischen und hygienischen Standards, die nötigen ärztlichen Qualifikationen können im Vorfeld selten beurteilt werden.

Gut zu wissen

Die Risikostruktur bei diesen Eingriffen ist jedoch im Ausland identisch. Sowohl Komplikationen, als auch vermeidbare Behandlungsfehler können auftreten. Tauchen Probleme auf, will man als Patient einen Anspruch durchsetzen, so muss man wissen, dass im Ausland geklagt werden muss. Das Kostenrisiko für eine Rechtsverfolgung übernimmt keine Rechtsschutzversicherung, das muss der Patient alleine tragen.

Verjährung

Einen Anspruch muss man nicht sofort geltend machen. Aber allzu lange sollte man sich auch nicht Zeit lassen. Irgendwann verjährt ein Anspruch und die Person, die mir etwas schuldet, kann die Erfüllung des Anspruchs verweigern.

Spätestens nach dreißig Jahren sind alle Ansprüche verjährt. Nach so langer Zeit kann man gar nichts mehr machen. Im Normalfall tritt die Verjährung jedoch schon wesentlich früher ein.

Gut zu wissen

Die regelmäßige Verjährungsfrist beträgt drei Jahre. Sie beginnt am Silvesterabend des Jahres, in dem die Zeit der Verjährung zu laufen begann, und endet drei Jahre später zum Jahreswechsel.

Wann sie zu laufen beginnt, ist unterschiedlich. Manchmal beginnt sie erst Jahre, nachdem der Patient fehlerhaft behandelt worden ist. Manchmal auch bereits am Silvesterabend des Jahres, an dem die Behandlung stattfand. Diese Unterschiede erklären sich daraus, dass es für den Beginn der Verjährung darauf ankommt, ab wann der Patient weiß, oder aufgrund grober Fahrlässigkeit nicht weiß, dass er fehlerhaft behandelt wurde. Dies ist an einem Beispiel zu verdeutlichen.

Beispiel

Einer Patientin wurde am 9. November 2007 an der Gallenblase operiert. Nach der Operation stellte sie fest, dass der Gallengang verletzt worden war. Die Ärzte im Krankenhaus erklärten, dass dies eine typische Komplikation bei dieser Operation sei, eine Komplikation, die nicht immer zu vermeiden sei. Anfang 2011 überlegte die Patientin, ob die Ärzte nicht vielleicht doch einen Fehler gemacht hatten, und wollte dies klären lassen. Sie hatte wiederkehrende Entzündungen und Beschwerden, so dass sie ihren Beruf nur noch eingeschränkt ausüben konnte, ihre körperliche Leistungsfähigkeit war stark eingeschränkt und sie hatte Angst, dass sich eine Leberzirrhose entwickeln würde. Deshalb wollte sie eine Klärung herbeiführen und ihren Behandlungsverlauf überprüfen lassen.

Weil sie nicht wusste, ob sie falsch behandelt wurde, hatte die Verjährungsfrist noch nicht zu laufen begonnen. Die Verjährung konnte daher noch nicht eingetreten sein, auch wenn die Operation schon mehr als drei Jahre zurücklag, als die Patientin beschloss, den Verlauf zu hinterfragen.

Damit der Lauf der Verjährungsfrist beginnt, reicht es nicht aus, dass der Patient weiß, dass eine Behandlungsmaßnahme anders verlaufen ist als erwartet, denn das stellt der Patient im Normalfall sofort fest. Es ist vielmehr erforderlich, dass der Patient als Laie erkennt, dass der Arzt fehlerhaft gehandelt hat. Allein aus der Tatsache, dass „Komplikationen" aufgetreten waren, kann er das nicht schließen, da es auch bei fehlerfreier Behandlung immer zu unerwarteten Verläufen kommen kann.

Typische Fälle, in denen der Patient von einem Behandlungsfehler erfährt und so die Verjährungsfrist in Gang gesetzt wird, sind Gutachten, in denen Behandlungsfehler festgestellt werden oder auch Aussagen des Hausarztes: Erzählt der seinem Patienten, dass bei der Operation Fehler begangen sein müssen, reicht das aus, um die Verjährung in Gang zu setzen. Gleiches gilt für das Gutachten.

Grobe Fahrlässigkeit

Komplizierter wird die Frage durch die gesetzliche Regelung, wonach die Verjährung auch dann beginnt, wenn man von der falschen Behandlung und dem Verantwortlichen zwar nichts wusste, aber man beides ohne weiteres hätte in Erfahrung bringen können. In so einem Fall muss der Patient sich den Vorwurf der groben Fahrlässigkeit gefallen lassen. Man darf nicht die Augen vor sich aufdrängenden Tatsachen verschließen. Zwar betonen die Gerichte, dass der Patient nicht verpflichtet ist, von sich aus Nachforschungen anzustellen, um herauszufinden, ob er falsch behandelt wurde oder nicht. Andererseits nehmen sie grobe Fahrlässigkeit aber an, wenn Erkenntnismöglichkeiten nicht ausgenutzt wurden, die auf der Hand lagen, und die erforderlichen Informationen ohne größere Mühe hätten beschafft werden können. Ab wann diese grobe Fahrlässigkeit anzunehmen ist, die die Verjährungsfrist in Gang setzt, ist letztlich eine Frage des Einzelfalls und schwer vorherzusagen.

Im Fall der Patientin mit der Gallenblasenoperation war zur Klärung der Frage, ob ein Behandlungsfehler vorlag oder nicht, ein Gutachten erforderlich. Musste die Patientin schicksalhaft die Verletzung des Gallengangs mit den Folgen hinnehmen? So hatten es ihr die Ärzte im Krankenhaus erklärt. War es zu der Läsion des Gallengangs ohne oder durch einen Behandlungsfehler gekommen? Beides ist möglich. Und dass die Patientin bisher kein derartiges Gutachten eingeholt hatte, konnte sicher nicht als grobe Fahrlässigkeit bewertet werden. Insofern konnte sich die Patientin zurücklehnen, da die Zeit nicht drängte. In allen Fällen, in denen die eingetretenen Komplikationen auch eintreten können, wenn die Ärzte keine Fehler gemacht haben, kann man ohne Fachwissen nicht erkennen, ob ein Behandlungsfehler vorliegt oder nicht.

Ohne ein Gutachten oder die Aussage eines Arztes verfügt der Patient in diesen Fällen nicht über das Wissen, das notwendig ist, um die Verjährungsfrist in Gang zu setzen.

Im Rahmen der Verjährungsfrage einfach sind die Fälle zu beurteilen, bei denen während einer Operation die Zange im Bauch des Patienten zurückgelassen wird. Dass das nicht vorkommen darf, ist klar. Dafür braucht niemand ein Gutachten. In derartigen Fällen beginnt die Verjährung am Ende des Jahres, in der der Patient weiß, dass die Zange in seinem Bauch zurückgelassen wurde.

Für den Beginn der Verjährung steht die grob fahrlässige Unkenntnis der Kenntnis gleich.

Als Faustregel kann formuliert werden, dass die Klärung, ob ein Behandlungsfehler vorliegt oder nicht, nicht auf die lange Bank geschoben werden sollte. Es besteht das Risiko, dass Zuwarten auch dann, wenn man noch nichts Genaueres weiß, als grobe Fahrlässigkeit bewertet wird, was den Lauf der dreijährigen Verjährungsfrist in Gang setzt. Auch aus anderen Gründen sollte man nicht allzu lange warten: Je länger man wartet, desto größer ist das Risiko, dass Beweismittel verloren gehen. Zeugen können sich nach langer Zeit nicht mehr an Einzelheiten erinnern, die Behandlungsdokumentation darf teilweise nach zehn Jahren vernichtet werden. Wartet man zu lange, riskiert man, dass man sich nicht durchsetzt, weil Beweismittel nicht mehr verfügbar sind.

Die Verjährung kann gehemmt werden

Wenn die Verjährungsfrist zu laufen begonnen hat, gibt es eine Reihe von Möglichkeiten dafür zu sorgen, dass die Verjährung gehemmt wird. Das ist, als wenn die Zeit still steht. Das ist zum Beispiel während der Verhandlungen mit dem Gegner über den Schadenersatz der Fall. Auch ein Verfahren bei den

Schlichtungsstellen der Ärztekammern hemmt die Verjährung. Macht man Ansprüche bei Gericht geltend, hemmt das die Verjährung ebenfalls, allerdings nur in dem Umfang, in dem Klage erhoben wird. Beansprucht der Patient nur Schmerzensgeld, kann er nicht noch drei Jahre später Schadenersatz wegen Verdienstausfalls beanspruchen.

Zum Ende eines jeden Jahres fällt dem einen oder anderen Patienten auf, dass noch bis zum 31. Dezember etwas getan werden muss, damit sein Fall nicht verjährt und der Anspruch vernichtet wird. Damit man in derartigen Fällen nicht unter Zeitdruck gerät, kann der Gegner auf die Verjährung verzichten, was er im Allgemeinen auf Bitte macht. Man mag sich fragen, warum er freiwillig auf diese verzichtet, wenn er doch die Chance wittert, dass der Anspruch zum Jahreswechsel verfällt. Eben weil er weiß, dass der Anwalt – auch wenn er Nachtschichten einlegen muss – noch rechtzeitig Klage erheben wird und dies mit Kosten für ihn verbunden wäre. Es gibt zuweilen eigenwillige Konstellationen, auf die man achten muss.

Beispiel

Ein dreijähriges Mädchen hatte sich bei einem Unfall die Wirbelsäule verletzt. Die notwendigen Röntgenaufnahmen im Krankenhaus wurden angefertigt, ohne dass die Eierstöcke des Kindes gegen die Röntgenstrahlung geschützt wurden. Dass dies ein Behandlungsfehler war, erfuhren die Eltern kurz darauf, als sie dem Kinderarzt davon erzählten. Für die Verjährung von Schadenersatzansprüchen bedeutet das, dass die Eltern als gesetzliche Vertreter ihrer Tochter wussten, dass das Kind falsch behandelt wurde. Sie wussten auch, wer dafür verantwortlich war. Die Verjährung begann damit zu laufen. Was sie nicht wissen können ist, ob ihre Tochter durch die Strahlenbelastung einen Schaden erleiden wird. Erfahren werden sie das voraussichtlich frühestens mit Beginn der Pubertät, spätestens, wenn das Kind erwachsen ist. Wenn der Schaden sichtbar geworden ist, werden weit mehr als drei Jahre vergangen sein. Ansprüche wären dann verjährt.

Im Falle dieses bestrahlten Mädchens bestanden zwei Möglichkeiten: entweder schon jetzt zu klagen, nur um die Verjährung zu unterbrechen, oder aber zu erreichen, dass die Haftpflichtversicherung des Krankenhauses auf die Verjährung verzichtet. Die Haftpflichtversicherung erklärte einen Verjährungsverzicht bis zum 25. Lebensjahr des Kindes. Das ist eine sinnvolle Möglichkeit, einen Prozess zu vermeiden, der sonst bereits jetzt hätte geführt werden müssen, nur um der Verjährung zu entgehen. Wenn – was alle Beteiligten hoffen – die Strahlenbelastung nicht zu einem Schaden geführt hat, ist die Angelegenheit damit erledigt. Sollte doch ein Schaden eintreten, ist genügend Zeit, Ansprüche geltend zu machen.

Kapitel 4

Mit diesen Kosten müssen Sie rechnen

Ein Verfahren kann teuer werden. Anwalt, Gutachter und Gericht müssen bezahlt werden. Bekommt der Patient Recht, muss der Behandelnde diese Kosten übernehmen. Andernfalls aber muss der Kläger den ganzen Betrag oder – bei einem Vergleich – Teile davon bezahlen. Viele scheuen dieses Risiko und machen deshalb ihre Ansprüche nicht geltend.

Außergerichtliches Kostenrisiko

Wer keine Rechtsschutzversicherung hat, kann unter Umständen Prozesskostenhilfe bekommen oder einen Prozessfinanzierer mit ins Boot holen. Es gibt aber auch weitere Möglichkeiten.

Bei Vorliegen einer Rechtsschutzversicherung

Relativ unproblematisch für den Patienten stellt sich das Kostenrisiko dar, wenn er rechtsschutzversichert war, als er falsch behandelt wurde. Eine im Nachhinein abgeschlossene Rechtsschutzversicherung hilft hingegen nicht. Diese Versicherungen zahlen nicht für Schäden, die vor Abschluss des Vertrages entstanden sind. Auch wenn die Angehörigen eines verstorbenen Patienten einen Anspruch durchsetzen wollen, so kommt es darauf an, dass der Verstorbene zur Zeit seiner Behandlung über eine Rechtsschutzversicherung verfügt hat. Es geht nicht um den Zeitpunkt, zu dem ein Anspruch gestellt werden soll, sondern um den Zeitpunkt, zu dem der Fehler begangen wurde.

Der Anwalt holt zunächst eine Deckungszusage für die außergerichtliche Vertretung bei der Rechtsschutzversicherung ein. Bestätigt die Rechtsschutzversicherung die Kostenübernahme, werden die Rechtsanwaltskosten von dort übernommen. Stellt sich heraus, dass Klage erhoben werden muss, ist dies vorab mit der Rechtsschutzversicherung abzustimmen.

Wenn keine Versicherung abgeschlossen wurde

Wenn keine Rechtsschutzversicherung besteht, dann müssen der Patient oder dessen Angehörige das Kostenrisiko der anwaltlichen Tätigkeit tragen. Da sich die gesetzlichen anwaltlichen Gebühren nach dem Streitwert richten und dieser im Allgemeinen in Arzthaftungs-Verfahren relativ hoch ist – er liegt selten unter 5.000 Euro –, hat der Rechtsanwalt mehrere Gestaltungsmöglichkeiten, die gemeinsam überlegt werden müssen. Im Vordergrund steht die Abrechnung nach den Vorschriften des Rechtsanwaltsvergütungsgesetzes (RVG). Möglich ist aber auch, mit dem Anwalt eine Vergütung, die den rechtlichen

Vorgaben des § 3a RVG entsprechen muss, sowie ein Erfolgshonorar zu vereinbaren.

Abrechnung nach dem RVG

In zivilrechtlichen Verfahren richten sich die Kosten für die Tätigkeiten des Anwalts nach dem Streitwert. Dabei handelt es sich um den Wert der Ansprüche, die der Rechtsanwalt geltend machen soll. Es ist normalerweise davon auszugehen, dass alle in Betracht kommenden Schadenersatzansprüche geltend gemacht werden sollen.

• •

Beispiel

Aufgrund eines Behandlungsfehlers steht dem Patienten neben einem Schmerzensgeld in Höhe von 50.000 Euro ein materieller Schadenersatz zu, denn er muss sein Auto umrüsten und seine Wohnung umbauen lassen, was 30.000 Euro kostet, und hat dauerhaft – das heißt über die Dauer von fünf Jahren hinaus – einen Verdienstausfall von 200 Euro im Monat. Der Streitwert berechnet sich hier folgendermaßen:
Die Positionen Schmerzensgeld sowie Umrüstung Auto und Umbau Wohnung werden mit ihrem vollen Betrag in die Berechnung eingestellt. Der Verdienstausfall ist gemäß § 843 BGB als Rente zu zahlen. Für Ansprüche auf Rentenzahlungen wird der Streitwert mit dem fünffachen Jahreswert der Rente angesetzt. Bei einer monatlichen Zahlung von 200 Euro beträgt der Jahreswert der Rente 2.400 Euro und der für die Streitwertberechnung maßgebliche fünffache Jahreswert damit 12.000 Euro. Der Streitwert beträgt im Beispiel somit insgesamt 92.000 Euro.

• •

Für die außergerichtliche Vertretung in zivilrechtlichen Angelegenheiten erhält der Rechtsanwalt eine Geschäftsgebühr. Da die Tätigkeit des Anwalts ganz unterschiedlich schwierig, zeitaufwendig und verantwortungsvoll sein kann, kann der Rechtsanwalt die Geschäftsgebühr mit einem Steigerungsfaktor zwischen 0,5 und 2,5 abrechnen. Für den Regelfall sieht das Gesetz eine 1,3-fache Geschäftsgebühr vor.

Die folgende Tabelle gibt Beispiele für Anwaltsgebühren, berechnet nach dem RVG, unter Zugrundelegung einer 1,5-fachen Gebühr.

Gegenstandswert: 5000,00 €

1,5 Geschäftsgebühr §§ 2, 13, 14 RVG i. V. m. Nr. 2300 VV RVG	451,50 €
Zzgl. Post- und Telekommunikationsdienstleistungen Nr. 7002 VV RVG	20,00 €
Zzgl. 19 % Mehrwertsteuer Nr. 7008 RVG	89,59 €
Gesamt	**561,09 €**

Gegenstandswert: 10.000,00 €

1,5 GG	729,00 €
Auslagen	20,00 €
19 % MwSt	142,31 €
	891,31 €

Gegenstandswert: 20.000,00 €

1,5 GG	969,00 €
Auslagen	20,00 €
19 % MwSt	187,91 €
	1.176,91 €

Gegenstandswert: 50.000,00 €

1,5 GG	1.569,00 €
Auslagen	20,00 €
19 % MwSt	301,91 €
	1.890,91 €

Gegenstandswert: 100.000,00 €

1,5 GG	2.031,00 €
Auslagen	20,00 €
19 % MwSt	389,69 €
	2.440,69 €

Ärztepfusch – und jetzt?

Gegenstandswert: 500.000,00 €

1,5 GG	4.494,00 €
Auslagen	20,00 €
19 % MwSt	857,66 €
	5.371,66 €

Vereinbaren Rechtsanwalt und Mandant, nach den Vorschriften des RVG abzurechnen, so ist der Rechtsanwalt gemäß § 49b Abs. V BRAO verpflichtet, seinen Mandanten vor Übernahme des Auftrags darauf hinzuweisen, dass sich die Höhe der Gebühren nach dem Gegenstandswert richtet.

Der Bundesgerichtshof hat sich in einem Urteil vom 24.07.2007 (IX ZR 89/06) zum Umfang der Aufklärungspflicht des Rechtsanwalts geäußert. In diesem Urteil ist festgehalten, dass eine Aufklärung über die tatsächliche Höhe der Gebühren grundsätzlich nicht geschuldet ist, dass sich aber aus Treu und Glauben etwas anderes ergeben kann. Die Vorschrift des § 49b Abs. 5 BRAO diene dem Schutz des Mandanten, der die Möglichkeit haben müsse, den Auftrag zu beschränken oder eine Gebührenvereinbarung anzustreben, sofern er die gesetzlichen Gebühren nicht tragen wolle oder könne.

Vergütungsvereinbarung

Nicht immer muss bei einer Vergütungsvereinbarung mehr Geld bezahlt werden, als es die gesetzlichen Gebühren vorsehen. Wird eine Vergütungsvereinbarung geschlossen, muss diese den Anforderungen des § 3a RVG genügen. Diese Vorschrift fordert, dass die Vergütungsvereinbarung

→ in Textform, also schriftlich oder per E-Mail oder durch Telefaxe geschlossen wird,

→ von allen anderen Vereinbarungen mit Ausnahme der Auftragserteilung abgesetzt sein muss,

→ nicht in der Vollmacht enthalten sein darf und

→ den Hinweis enthalten muss, dass die gegnerische Partei, ein Verfahrensbeteiligter oder die Staatskasse im Falle der Kostenerstattung regelmäßig nicht mehr als die gesetzliche Gebühr erstatten muss.

Der Inhalt der Vergütungsvereinbarung kann frei bestimmt werden, üblich sind die Vereinbarung eines Stundensatzes oder eines Pauschalbetrages für die außergerichtliche Vertretung. Sinnvoll ist auch die Vereinbarung der Abrechnung auf der Grundlage des RVG, wobei durch die Vereinbarung ein bestimmter Gebührensatz oder ein bestimmter Gegenstandswert vereinbart wird.

Grundsätzlich sollte darüber gesprochen werden, unter welchen Voraussetzungen und in welchem Umfang die Gegenseite verpflichtet ist, die Anwaltskosten zu erstatten. Auch sollte erläutert werden, dass die Gegenseite die Kosten nicht erstattet, wenn kein Anspruch auf Schadensersatz besteht, und dass sie nur einen Teil der Kosten erstatten muss, wenn nur ein Teil der geltend gemachten Forderungen durchgesetzt werden kann, insbesondere dann, wenn ein außergerichtlicher Vergleich geschlossen wird.

Beratungshilfe

Patienten, die diese Kosten aufgrund ihrer schlechten wirtschaftlichen Situation nicht tragen können, haben unter Umständen Anspruch auf Gewährung von Beratungshilfe. Beratungshilfe ist eine Sozialleistung, bei der die Kosten des Rechtsanwalts für die Beratung und die außergerichtliche Vertretung vom Staat übernommen werden. Ob ein Anspruch auf Beratungshilfe besteht, kann man beim Amtsgericht seines Wohnorts klären. Wenn Beratungshilfe gewährt wird, erhält man einen Beratungshilfeschein, den man dem Rechtsanwalt geben sollte. Allerdings ist dann noch eine Selbstbeteiligung in Höhe von 10 Euro an den Rechtsanwalt zu zahlen.

Erfolgshonorar

Für diejenigen Patienten, die keine Beratungshilfe erhalten, aber nicht in der Lage sind, das Honorar des Rechtsanwalts für die Vertretung zu zahlen oder dies nicht wollen, besteht die Möglichkeit, mit dem Rechtsanwalt ein Erfolgshonorar zu vereinbaren, wenn dieser sich darauf einlässt. Das Rechtsanwaltsvergütungsgesetz (RVG) lässt derartige Vereinbarungen seit 2008 in denjenigen Fällen zu, in denen der Mandant aufgrund seiner wirtschaftlichen Verhältnisse ohne eine solche Vereinbarung davon abgehalten würde, seine Ansprüche geltend zu machen. Im Bereich der Arzthaftung sieht das Erfolgshonorar üblicherweise so aus, dass der Rechtsanwalt an der von ihm erstrittenen Summe prozentual beteiligt wird. Die Vereinbarung über ein Erfolgshonorar muss schriftlich erfolgen, die Einzelheiten regelt § 4a RVG.

Gerichtliches Kostenrisiko

Manchmal gelingt es nicht, sich außergerichtlich zu einigen. Dann geht es nicht anders, der Patient muss bei Gericht klagen, um seine Ansprüche durchsetzen zu können. Prozesse mit einem Streitwert von über 5.000 Euro werden vor den Landgerichten verhandelt. Dort ist zwingend vorgeschrieben, dass jede Partei durch einen Rechtsanwalt vertreten ist. Wie bereits gesagt, liegen die Streitwerte in Arzthaftungsfällen fast immer über 5.000 Euro, so dass es ohne einen Rechtsanwalt häufig unmöglich ist zu klagen. Wie sieht es dann aber mit der Finanzierung aus?

Bei Vorliegen einer Rechtsschutzversicherung

Wenn eine Rechtsschutzversicherung besteht, wird dort um eine Deckungszusage für die erste Instanz gebeten. Die Rechtsschutzversicherung ist verpflichtet, die Kosten einer Klage zu übernehmen, sofern diese Aussichten auf Erfolg hat und nicht mutwillig erhoben wird. Hat die Rechtsschutzversicherung die Kosten für eine gerichtliche Klage übernommen, trägt sie das volle Kostenrisiko: Wird der Prozess verloren, übernimmt sie die Kosten des eigenen und des gegnerischen Rechtsanwalts sowie die Gerichtskosten einschließlich der Kosten für den Sachverständigen. Es hat sich als sinnvoll erwiesen, der Rechtsschutzversicherung bereits einen Klageentwurf vorzulegen, wenn man eine Deckungszusage für einen Prozess anfordert.

Wenn keine Rechtsschutzversicherung abgeschlossen wurde

Besteht keine Rechtsschutzversicherung, muss der Patient dieses Kostenrisiko selbst tragen. Wie groß dieses Risiko ist, sollte mit dem Rechtsanwalt besprochen werden, bevor die Entscheidung für eine Klage getroffen wird. Denn wenn er Klage erhebt, kommen weitere Kosten auf den Mandanten zu. Gerichtskosten, Sachverständigenkosten und weitere Auslagen des Gerichts sind grundsätzlich vom Kläger vorzuschießen. Für die Vertretung durch den eigenen Rechtsanwalt im gerichtlichen Verfahren entstehen weitere Kosten. Wird der Prozess verloren, hat der Kläger sämtliche Prozesskosten zu tragen, kann sich der Kläger im Prozess nur teilweise durchsetzen hat er einen Teil der Prozesskosten zu tragen.

Prozesskostenhilfe

Ist der Mandant nicht in der Lage, die Prozesskosten zu tragen, besteht die Möglichkeit, dass er Prozesskostenhilfe erhält, ähnlich wie bei einem Beratungshilfeschein. Abhängig von seiner Einkommenssituation wird die Prozesskostenhilfe ratenfrei oder mit Ratenzahlung bewilligt. Bei Bewilligung von Prozesskostenhilfe werden die Gerichtskosten, insbesondere auch die Kosten des Sachverständigengutachtens, und die Kosten des Rechtsanwalts der bedürftigen Partei übernommen. Verliert der Mandant den Prozess, ist er trotz der Prozesskostenhilfe verpflichtet, der Gegenpartei die Kosten für ihren Rechtsanwalt zu erstatten (§ 123 ZPO). Das wissen viele nicht, muss aber berücksichtigt werden. Für eine Verfahrens- und eine Termingebühr bei einem Streitwert von 20.000 Euro handelt es sich beispielsweise um eine Summe von 1.945,65 Euro.

Hinzu kommt, dass das Gericht auch während des Rechtsstreits und nach dessen Abschluss prüft, ob sich die wirtschaftlichen Verhältnisse verbessert haben. Ist dies der Fall, kann es sein, dass nachträglich angeordnet wird, dass die Prozesskosten von dem Kläger in Raten zu zahlen sind. Über dieses Risiko ist der Mandant vor der Klage zwingend aufzuklären.

Prozesskostenfinanzierer

Ab einem Streitwert von 50.000 beziehungsweise 100.000 Euro – manchmal auch schon bei niedrigeren Summen – besteht die Möglichkeit, das Kostenrisiko auf einen Prozessfinanzierer zu übertragen, denn Klagen mit hohen Streitwerten bergen bei einer Prozessniederlage ein erhebliches Kostenrisiko. Der Finanzierer wird dann am Erlös beteiligt. Aber für den Mandanten ist es besser, 50 bis 80 Prozent der eingeklagten Summe zu bekommen, als gar nichts. Eine Anfrage ist sinnvoll, wenn der Mandant das Risiko scheut, bei Verlust des Prozesses die Prozesskosten tragen zu müssen. Auch wenn Anspruch auf Prozesskostenhilfe besteht, kann es sinnvoll sein, einen Finanzierer einzuschalten, weil auch dann bei Verlust des Prozesses die Kosten der Gegenseite zu tragen sind.

Auch dann, wenn der Streitwert so hoch ist, dass die Prozesskosten höher sind als der Betrag, den die Rechtsschutzversicherung übernehmen würde, kann es sinnvoll sein, einen Finanzierer einzuschalten. Das kommt aber sehr selten vor.

Die Prozessfinanzierer übernehmen das Risiko im Allgemeinen, wenn eine gute Aussicht auf Erfolg besteht und der Beklagte eine gesicherte Bonität aufweist. Sie überprüfen die Erfolgsaussichten eigenständig. Ein Anspruch auf Finanzierung besteht nicht. Entscheidet sich der Prozessfinanzierer für die Übernahme der Kosten, schließt er mit dem Patienten einen Vertrag ab und verpflichtet sich, die Kosten des Prozesses zu übernehmen. Im Gegenzug tritt ihm der Patient für den Fall, dass die Klage erfolgreich ist, einen Anteil an seinen Schadenersatzansprüchen vertraglich ab.

Kapitel 5

Wie Behandlungsfehler vermieden werden können

Der ökonomische Druck macht das Gesundheitssystem anfällig für Fehler. Aufwändige Management-Systeme sollen diese verhindern. Doch um das Problem in den Griff zu bekommen, müssen alle Beteiligten zusammenarbeiten und sich als Team begreifen. Kommunikation ist dabei der Schlüssel zum Erfolg. Das gilt für die Ärzte, Pfleger und Physiotherapeuten ebenso wie für die Patientinnen und Patienten.

Dies ist sicherlich eines der schwierigsten Kapitel dieses Buchs. „Ein guter Arzt ist Vertrauenssache und ein guter Arzt macht keine Fehler", so könnte die Überschrift heißen. Aber diese Aussage ist nicht richtig, sie spiegelt subjektives Empfinden gepaart mit Mutmaßung. Ärzte sind Menschen, und Menschen machen Fehler. Auch der geübteste Autofahrer baut schon mal einen Unfall. Nur so können wir lernen und uns weiterentwickeln, weiterentwickeln an unseren Fehlern. Zum anderen ist der Arzt in ein System eingegliedert, das störanfällig ist. Er agiert schließlich nicht allein.

Die Pflichten der Behandelnden

Rufen wir uns die Berufsordnung der Ärzte ins Gedächtnis. Für jede Ärztin und jeden Arzt gilt folgendes Gelöbnis, das auf den hippokratischen Eid zurückgeht:

„Bei meiner Aufnahme in den ärztlichen Berufsstand gelobe ich, mein Leben in den Dienst der Menschlichkeit zu stellen.
Ich werde meinen Beruf mit Gewissenhaftigkeit und Würde ausüben.
Die Erhaltung und Wiederherstellung der Gesundheit meiner Patientinnen und Patienten soll oberstes Gebot meines Handelns sein.
Ich werde alle mir anvertrauten Geheimnisse auch über den Tod der Patientin oder des Patienten hinaus wahren.
Ich werde mit allen meinen Kräften die Ehre und die edle Überlieferung des ärztlichen Berufes aufrechterhalten und bei der Ausübung meiner ärztlichen Pflichten keinen Unterschied machen weder aufgrund einer etwaigen Behinderung noch nach Religion, Nationalität, Rasse noch nach Parteizugehörigkeit oder sozialer Stellung.
Ich werde jedem Menschenleben von der Empfängnis an Ehrfurcht entgegenbringen und selbst unter Bedrohung meine ärztliche Kunst nicht in Widerspruch zu den Geboten der Menschlichkeit anwenden.
Ich werde meinen Lehrerinnen und Lehrern sowie Kolleginnen und Kollegen die schuldige Achtung erweisen. Dies alles verspreche ich auf meine Ehre. "

Die Grundsätze für die Berufsausübung finden wir in der Musterberufs-ordnung für Ärzte, der sämtliche Ärzte in Deutschland unterstellt sind. In § 1 sind die folgenden Aufgaben der Ärztinnen und Ärzte zu finden.

- -

GESETZ

(1) Ärztinnen und Ärzte dienen der Gesundheit des einzelnen Menschen und der Bevölkerung. Der ärztliche Beruf ist kein Gewerbe. Er ist seiner Natur nach ein freier Beruf.

(2) Aufgabe der Ärztinnen und Ärzte ist es, das Leben zu erhalten, die Gesundheit zu schützen und wiederherzustellen, Leiden zu lindern, Sterbenden Beistand zu leisten und an der Erhaltung der natürlichen Lebensgrundlagen im Hinblick auf ihre Bedeutung für die Gesundheit der Menschen mitzuwirken.

- -

In § 2 findet man dann die allgemeinen ärztlichen Berufspflichten.

- -

GESETZ

(1) Ärztinnen und Ärzte üben ihren Beruf nach ihrem Gewissen, den Geboten der ärztlichen Ethik und der Menschlichkeit aus. Sie dürfen keine Grundsätze an-erkennen und keine Vorschriften oder Anweisungen beachten, die mit ihren Auf-gaben nicht vereinbar sind oder deren Befolgung sie nicht verantworten können.

(2) Ärztinnen und Ärzte haben ihren Beruf gewissenhaft auszuüben und dem ihnen bei ihrer Berufsausübung entgegengebrachten Vertrauen zu entsprechen. Sie haben dabei ihr ärztliches Handeln am Wohl der Patientinnen und Patienten auszurichten. Insbesondere dürfen sie nicht das Interesse Dritter über das Wohl der Patientinnen und Patienten stellen.

(3) Eine gewissenhafte Ausübung des Berufs erfordert insbesondere die not-wendige fachliche Qualifikation und die Beachtung des anerkannten Standes der medizinischen Erkenntnisse.

(4) Ärztinnen und Ärzte dürfen hinsichtlich ihrer ärztlichen Entscheidungen keine Weisungen von Nichtärzten entgegennehmen. (5) ...

- -

Die Pflichten der Patientinnen und Patienten

Und wie sieht das mit den Grundregeln der Patienten aus? „Richtig verstandener Patientenschutz setzt nicht auf rechtliche Bevormundung, sondern orientiert sich am Leitbild des mündigen Patienten", hieß es im Gesetzesentwurf zum neuen Patientenrechtegesetz. Ärzte und Patienten sollen auf Augenhöhe gebracht werden. Zum § 630c Absatz 1 BGB ist zu lesen, dass der Absatz 1 die allgemeine Obliegenheit des Patienten und des Behandelnden statuiert, zur Durchführung der versprochenen Behandlung im Rahmen des Behandlungsvertrages einvernehmlich zusammenzuwirken. Die Regelung dient insbesondere dazu, zwischen dem Behandelnden und dem Patienten ein Vertrauensverhältnis zu begründen und zu entwickeln, um gemeinsam eine möglichst optimale Behandlung zu erreichen. Dem Gesetz liegt der Gedanke zugrunde, dass der Behandelnde und der Patient Partner sind. Dazu ist es zweckmäßig, dass beide die Behandlung effektiv und einvernehmlich unterstützen und die insoweit notwendigen Informationen austauschen, um die medizinisch notwendigen Maßnahmen zu ermöglichen, vorzubereiten oder zu unterstützen (Laufs/Kern, Handbuch des Arztrechts, § 58 Rn. 1). In dem Behandlungsverhältnis trifft den Patienten die Obliegenheit, für die Behandlung bedeutsame Umstände zeitnah offen zu legen und dem Behandelnden auf diese Weise ein umfassendes Bild von seiner Person und seiner körperlichen Verfassung zu vermitteln. Verstößt der Patient dagegen, so kann ihm dies im Schadensfalle gegebenenfalls zu seinen Lasten als Mitverschulden im Sinne des § 254 für den eingetretenen Schaden zugerechnet werden (aus Referentenentwurf des Bundesministeriums für Justiz und des Bundesministeriums für Gesundheit zum Patientenrechtegesetz).

Der Beruf des Arztes ist eigentlich etwas ganz Besonderes, es ist eine Profession, und dieser gegenüber verhält sich der Patient vertrauend. Der Patient offenbart sein Innerstes, seine Intimsphäre, weil der Arzt sich im Rahmen seiner Profession, in seinem Handeln, dem Primat der Heilung der Patienten unterstellt hat. Dies unabhängig vom Ansehen, dem Geschlecht, der Nationalität. Er dient der Menschlichkeit. Und dabei ist er frei und unabhängig.

Medizin und Ökonomie

Es wäre zu schön, um wahr zu sein, wenn diese Idealvorstellungen so zutreffen würden. Die Erfahrung lehrt uns etwas anderes. Zunehmend dient die Medizin der Ökonomie, wo doch eigentlich allenfalls die Ökonomie der Medizin dienen sollte. Der Arzt fühlt sich als Gefangener des Systems, wo er in seinen Handlungsebenen eben nicht mehr frei ist, sich an dem Wohl des Einzelnen zu orientieren.

Die Realität der Behandelnden

Wir müssen dabei im ambulanten und stationären Bereich unterscheiden. Der niedergelassene Hausarzt in der Praxis erhält für die Versorgung pro Quartal zwischen 35 und 50 Euro. In diesem Betrag ist weitgehend alles drin. Er bekommt nicht mehr Geld, wenn ein Patient jede Woche erscheint, aber auch nicht weniger, wenn er nur einmal innerhalb von drei Monaten den Arzt konsultiert. Statistisch geht jeder Bürger 18 Mal pro Jahr zum Arzt. Die wenigsten kommen damit nur einmal. Wenn man die geforderte Arbeitszeit des Hausarztes zugrunde legt, so hat er bei 1000 Patienten etwa 25 Minuten pro Quartal Zeit für jeden Einzelnen, wenn er nur einmal pro Quartal kommt. Kommt er öfter, reduziert sich die Zeit entsprechend. Bei einer jährlichen Umsatzhöhe von 150.000 Euro bleiben dem Arzt – rechnet man 60 Prozent an Praxis- und Personalkosten ab – 60.000 Euro, das sind pro Monat 5.000 Euro, abzüglich der Krankenversicherung und den Versorgungsleistungen für das Alter und abzüglich der Steuern. Gibt der Arzt zu viel für Medikamente und Therapien seiner Patienten aus, so ist er Regressforderungen der Krankenkasse ausgesetzt. Es zählt der Gruppendurchschnitt. Behandelt er mehr Patienten, als vorgesehen sind, bekommt er diese Behandlungen erst im nächsten Jahr bezahlt – wenn er diese dann auch tatsächlich behandelt. Das heißt, dass er für das laufende Jahr nichts bekommt und damit nicht nur in Vorleistung geht, sondern gar keine Bezahlung für diese Behandlungen erhält. Für einen Hausbesuch bekommt ein Arzt etwa 20 Euro, inklusive Fahrzeit und eventuellen Parkgebühren.

Steigern kann er seinen Umsatz durch die IGeL-Leistungen. Diese „individuellen Gesundheitsleistungen" werden zunehmend von Patienten in Anspruch genommen. Es sind „Selbstzahlerleistungen". IGeL umfassen die ärztlichen Leistungen, die nicht zum festgeschriebenen Leistungskatalog der gesetzlichen Krankenversicherung gehören. Hierzu zählen Aufgaben, die per se nicht in den Bereich der bezahlten Versorgungsleistungen fallen wie Reiseimpfungen. Die meisten IGeL-Leistungen sind jedoch medizinische Maßnahmen zur Vorsorge, Früherkennung und Therapie von Krankheiten, für die gilt, dass sie nicht dem von den Krankenkassen finanzierten anerkannten medizinischen Standard entsprechen, aber dennoch sinnhaft sein können. Das sind beispielsweise Ultraschalluntersuchungen und Lungenfunktionsprüfungen, oder PSA-Wert-Bestimmungen, ohne dass die Prostata vergrößert ist. Eine andere Möglichkeit der Umsatzsteigerung ist die Annahme von „Kopfgeldern". Damit Krankenhäuser zertifiziert werden können, bestimmte Leistungen überhaupt anbieten dürfen und bezahlt bekommen, als Excellenz-Center gelten können, sind Patientenzahlen gefordert. Die erreicht man, indem man Kooperationen mit niedergelassenen Ärzten eingeht und diesen für die Überweisung von Patienten Geld zahlt. Das steht natürlich im Widerspruch zur Unabhängigkeit des Arztes, nach der die Gesundheitsversorgung allein nach medizinischen Kriterien zu erfolgen hat. Doch gemacht wird es trotzdem.

Im stationären Bereich ist ein gewisser Umsatz gefordert. Wird dieser erreicht oder noch gesteigert, erhält der Arzt eine Bonus-Zahlung. Auch wenn seine Kriterien bei der Behandlung hypothetisch allein medizinischer Art sind, muss er sie doch auch der Marktwirtschaft unterstellen. Gefordert wird Masse. Eine Masse an Operationen, die medizinisch nicht nötig wären, die aber der Ökonomie des jeweiligen Arztes und des Krankenhauses dienen. Er muss auch den Patienten entlassen, weil die Fallpauschalen nur drei Tage im Krankenhaus beinhalten. Eigentlich darf der Arzt den Patienten erst entlassen, wenn der Patient gesundheitlich stabil und so selbstständig ist, dass er sich alleine versorgen kann. Dennoch kommt es häufig vor, dass ihn der Arzt in eine nicht gesicherte Häuslichkeit entlässt und hofft, dass er es bis zum Hausarzt schaffen wird, der die nachstationäre Versorgung übernimmt.

Zur Kosteneinsparung werden die ambulanten Eingriffe gefördert. Diese sind in den letzten zehn Jahren um 50 Prozent gestiegen und machen mittlerweile 20 Prozent aller Eingriffe aus, das heißt acht Millionen. Ambulante Operationen sind im Allgemeinen kostengünstiger als die im Krankenhaus, so dass diese gefördert werden. In Fachkreisen werden ambulante Operationen aber durchaus kritisch gesehen. Bei Vollnarkosen in privaten Praxen kommen teilweise völlig veraltete Geräte zum Einsatz und es wird an Personalkosten gespart, so dass der Patient während und nach der Narkose nicht von speziell geschultem Personal betreut wird. Zuweilen kann man auch erleben, dass der operierende Chirurg die Anästhesie parallel zur Operation selbst macht. Die Konsequenz kann fatal, auch zuweilen letal für den Patienten sein.

Der sich im Allgemeinen fünf Jahre in Ausbildung befindliche Assistenzarzt erhält im Monat weniger Gehalt als ein Busfahrer. Er hat jedoch zuvor drei Jahre Zeit in ein Abitur investiert und sechs Jahre studiert, ohne Geld dafür zu bekommen. Gerechtigkeit im Lohn gibt es nicht, aber eine gewisse Verhältnismäßigkeit sollte schon vorhanden sein. Und so verwundert es nicht, dass der Ärztemangel zunimmt, was dazu führt, dass die einzelnen Ärzte überfordert sind und der Arzt nach einem 24-Stundendienst noch operiert, noch operieren muss. Insgesamt führen die bürokratischen und ökonomischen Zwänge zu einer Beschneidung der Autonomie der ärztlichen Entscheidung.

Die Realität der Patientinnen und Patienten

Und was ist mit den Patientinnen und Patienten? Der Patient soll einerseits sein Primat der Selbstbestimmung wahrnehmen und sich andererseits mit dem Arzt auf Augenhöhe befinden. Wie soll das gehen, wenn der Laie dem Fachmann gegenübersteht? Wie soll er mit seinem Arzt zusammen gesund werden, wenn da keiner mehr ist, der die Zeit aufbringen kann, ihm zuzuhören? Wenn aus dem Patienten Herrn Mayer, Vater dreier Kinder, Malermeister, der zur Gallenblasenoperation kommt, der Mann in Zimmer 12 oder der Patient, den man in das Krankenhaus xy überwiesen hat, geworden ist. Wo ist das Individuum, das wahrgenommen und gehört wird?

Der Patient geht heute davon aus, dass jede seiner Befindlichkeitsstörungen diagnostiziert und therapiert werden muss. Das aber zügig. Allein in den letzten acht Jahren nahm die Anzahl der MRT um 72 Prozent zu. Der Patient fordert es ein, er will wissen, was da in seinem System zu Beschwerden führt – und dies unabhängig davon, ob sich eine therapeutische Konsequenz ergeben würde. Bluthochdruck, Zuckerkrankheit, Gelenkprobleme sind Krankheiten, die oftmals durch Ernährungsumstellung mit Abnehmen und Physiotherapien gut in den Griff zu bekommen wären, wenn sich die Geduld des Patienten nur nicht so schnell erschöpfen würde. Und so verwundert es nicht, dass lieber eine Rückenoperation in Kauf genommen wird, die die berechtigte Hoffnung verspricht, dass nach vier Wochen alles wieder gut ist. Aber sie hat eben auch unschöne Komplikationen. Komplikationen, die es bei einer konservativen, auch Hoffnung versprechenden Therapie nicht gibt und die das Leben des Patienten, wenn sie auftreten, aus den Angeln heben können. Die Rückenoperationen haben allein in den letzten fünf Jahren um 87 Prozent zugenommen. Mit diesen 12.000 Euro, die für eine solche Operation durchschnittlich bezahlt werden, kann eine konservative Behandlung über 100 Jahre hinweg finanziert werden. Unter dem Strich lässt sich sagen, dass sich der Patient in unserem System schwach und ausgeliefert fühlt, wenn er dem Arzt gegenübersteht.

Wege, Behandlungsfehler zu reduzieren

Viel Kritik, doch wo sind die Lösungen für die Probleme in diesem doch eigentlich besten Gesundheitssystem der Welt? Wo der Weg, der Behandlungsfehler vermeiden lässt? Im Folgenden einige Vorschläge.

Fehleranalyse

Der Faktor Mensch steht bei der Analyse im Mittelpunkt, denn dieser macht das System am meisten störanfällig. Wenn man die Fehlerquellen betrachtet und analysiert, welche Systeme man versucht hat zu implementieren, um Fehler zu vermeiden, so stellt man fest, dass diese sämtlich auf eine bessere Fehlerkultur abstellen und die Kommunikation der Agierenden untereinander im Vordergrund steht. Verhindert werden soll, dass Patienten verwechselt werden, dass Instrumente liegenbleiben oder die falsche Seite, das falsche Bein operiert wird. Als Fehlerquellen wurden vor allem personelle und strukturelle ausgemacht. Zu den personellen zählen die Überforderung, die Selbstüberschätzung, die fehlende Teamfähigkeit und ein vermeidbares Hierarchiedenken der Agierenden. Zu den strukturellen zählen eine unzureichende Fort- und Weiterbildung, eine hohe Arbeitsbelastung, die mangelnde Kommunikation aller am Behandlungsprozess Beteiligten sowie Organisations- und Koordinationsdefizite in der Klinik und zwischen den niedergelassenen Ärzten.

In vielen Kliniken wurde daher ein Fehlervermeidungssystem eingeführt, das beispielsweise durch die Verwendung von Namensschildern am Handgelenk Verwechslungen von Patienten verhindern soll. Auch Schwestern, die Medikamente am Bett des Patienten ausgeben, sollen das Risiko der Gabe von falschen Medikamenten reduzieren. Zeitaufwändige Checklisten werden geführt, die teilweise viele Seiten umfassen. Auch das CIRS, das Critical Incident Reporting System, wird verwendet. Es umfasst die anonyme Meldung von Beinahe-Fehlern. Diese Systeme helfen, aber ändern sie tatsächlich etwas?

Was die Behandelnden tun können

Was soll der Arzt machen, der nach einem 24-Stunden-Dienst noch operieren soll? Soll er sich weigern? Wer führt die Operation dann durch? Schließlich ist ja kein anderer da, weil die Attraktivität des Berufs abgenommen hat und sich zunehmend weniger Ärzte finden lassen, die in deutschen Kliniken arbeiten wollen. Ein Arzt, der erklärt, dass er überfordert damit ist, eine ihm zugewiesene Aufgabe zu übernehmen, wird auf wenig Verständnis stoßen. Kann man eine Fort- und Weiterbildungsmotivation erwarten, wenn jemand eine 60-Stunden-Woche abgeleistet hat? Sicher muss man sagen: Ja, man kann. Man kann dies alles von einem Arzt erwarten, weil er die Spielregeln des Berufs vorher kannte.

Die Aufgabe des Arztes ist es, dem Wohle des Einzelnen zu dienen. Zu diesem Zwecke muss er sich manchmal verweigern – ökonomischen und hierarchischen Zwängen gegenüber, aber auch der zuweilen zu weit gehenden Anspruchshaltung des Patienten. Um dem ärztlichen Ethos Rechnung zu tragen, müssen alle Beteiligten ein Team bilden. Ein Team, in dem jeder Einzelne unabhängig von hierarchischen Strukturen agiert; in dem jedem zugehört wird, insbesondere dem Patienten; in dem jede Information weitergetragen wird, weil jeder verantwortlich ist. Dazu gehört die Schwester, die Auffälligkeiten berichtet, der Arzt, der die Kontinuität einer Behandlung durch seine tägliche Anwesenheit garantiert und der sich zusammen mit dem Patienten auf den Weg zum Gesundwerden macht; der als Ansprechpartner zur Verfügung steht. Auch der Physiotherapeut, der den Patienten täglich sieht und seine Leistungsfähigkeit erlebt, gehört dazu, genauso wie die Angehörigen, die berichten, welche Veränderungen sich ergeben. In diesem Team muss die Kommunikation an erster Stelle stehen, die Weitergabe von Informationen, die verarbeitet werden zum Wohl des Patienten.

Was die Patientinnen und Patienten tun können

Die Macht der Veränderung liegt auch in den Händen des Patienten. Wenn Sie zum Arzt gehen, dann bereiten Sie sich vor. Machen Sie eine Checkliste, was sie erzählen und wissen wollen. Wenn sich die Farbe und die Form der Medikamente ändern, sprechen Sie das an, ebenso, wenn Sie selbst Auffälligkeiten entdecken. Fragen Sie, fordern Sie Erklärungen ein, wenn Sie etwas nicht verstehen. Sie selbst sind aktiver Teilnehmer der Behandlung. Seien Sie transparent in den Informationen. Jeder Arzt sollte wissen, was ein anderer gemacht hat, welche Diagnosen er gestellt hat und welche Medikamente verschrieben wurden. Lesen Sie sich einen Aufklärungsbogen gründlich durch. Und wenn der Arzt nicht bereit ist, Ihnen sämtliche Informationen zu verschaffen, so gehen Sie zu einem anderen. Wir haben die freie Arztwahl. Wir gehen von einem partnerschaftlichen Verhältnis zwischen Arzt und Patienten aus, fordern Sie dieses ein. Akzeptieren Sie aber auch, wenn der Arzt das eine oder andere nicht so macht, wie Sie das wollen. Denn er ist nun einmal der Fachmann, der Ihnen sein Vorgehen dann aber auch erklären muss.

Holen Sie sich eine Zweitmeinung ein. Recherchieren Sie, bevor Sie in eine Klinik überwiesen werden. Fragen Sie den Arzt, warum er Sie an diese verweist. Sie können Erkundigungen bei Ihrer Krankenkasse einholen, aber auch bei der unabhängigen Patientenberatung (Adressen siehe Anhang). Ist die Klinik zertifiziert? Ist sie spezialisiert? Fragen Sie, wer Sie operieren soll, damit Sie einen Ansprechpartner haben. Wenn Sie ein ungutes Bauchgefühl haben, weil die Organisation Ihnen nicht gefällt, weil Sie beispielsweise Ihr Zimmer noch nicht beziehen können, gehen Sie. Ihre Gesundheit ist wichtiger, als Ihre persönliche Organisation, die Sie dann umstellen müssen. Scheuen Sie ambulante Operationen in kleinen Praxen. Und bedenken Sie auch, dass es Gesundheit nicht auf Rezept gibt und Sie selbst viel zu Ihrer Genesung beitragen können.

Was die Politik tun kann

Auch auf der politischen Ebene lässt sich einiges tun, um Behandlungsfehler zu vermeiden. Wichtig wären zum Beispiel zentrale Register. So sollten etwa sämtliche zum Einsatz gekommene Endoprothesen erfasst werden. Die Prothesen lassen sich bevor sie auf den Markt kommen nicht sicher darauf testen, wie sie sich in einem Organismus verhalten. Werden nun auffällig hohe Zahlen an Problemen bis hin zu Wechseloperationen bei einer bestimmten Prothese gemeldet, so kann diese zügig vom Markt genommen werden. Auch die gemeldeten Schadensfälle sollten erfasst werden. Die Haftpflichtversicherungen könnten verpflichtet werden, diese anzuzeigen. Da sich die vermeidbaren Behandlungsfehler in Gruppen klassifizieren lassen, sollten diese ebenfalls mitgeteilt werden. So könnte man am Ende eines Jahres zuverlässig erfahren, ob in einer Klinik zum Beispiel gehäuft ein Organisationsverschulden gemeldet worden ist oder Fehler durch eine unterlassene Befunderhebung.

Ärzte sind nach der Musterberufsordnung verpflichtet, eine Haftpflichtversicherung abzuschließen, diese ist jedoch nicht rechtsverbindlich. Das bedeutet, dass es immer wieder vorkommt, dass Ärzte tätig sind, die über keine Haftpflichtversicherung verfügen. Es gibt sogar Kliniken, die keine haben. Das ist unglaublich. So kann es vorkommen, dass ein Patient, der einen Schaden durch einen Behandlungsfehler erlitten hat, am Ende ein Urteil in Händen hält, das besagt, dass der beklagte Arzt oder die Klinik haften muss, der Patient aber zum Beispiel wegen Insolvenz kein Geld bekommt, vielmehr im Zweifel noch die Gerichtskosten zahlen muss, da er als Kläger das Prozesskostenrisiko hat. Für solche Fälle sollte ein Härtefonds eingerichtet werden. Dieser Fond könnte greifen, wenn unzweifelhaft eine Haftung des Arztes beziehungsweise des Krankenhauses besteht, eine Forderung jedoch mangels eines adäquaten Versicherungsschutzes nicht durchgesetzt werden kann.

Zunehmend versichern viele Haftpflichtversicherungen teure Risiken nicht mehr und wenn, dann zu Prämien, die sich Ärzte und sogar Kliniken nicht leisten können. Bestimmte Tätigkeiten müssen eingestellt, manche Abteilungen geschlossen werden, weil ihnen die Risiken ohne Haftpflichtversicherung zu hoch sind. So gibt es in den USA im gesamten Bereich Florida kaum einen ambulant tätigen Geburtshelfer mehr. Vor einem ähnlichen Problem stehen die ambulant tätigen Hebammen in Deutschland. Diese Dominanz der Haftpflichtversicherungen, die damit mittelbar die medizinische Versorgung beeinflussen, muss der Staat abfangen. Sonst kommt es dazu, dass Frauen nicht mehr zu Hause entbinden können und auch der Weg in die nächste Klinik weit ist, weil die Geburtshilfe in der nahegelegenen Klinik aus Kostengründen geschlossen wurde.

Die Ärzte sollten sich immer wieder vor Augen führen, was ihre Profession ausmacht, und dafür sorgen, dass wirtschaftliche Zwänge diese nicht unterlaufen. Die Prinzipien der Berufsordnung der Ärzte sind ein hohes Gut, das erhalten werden muss.

Arbeiten wir alle daran, dass der Arzt sein Primat der Heilung und der Therapiefreiheit wahrnehmen kann und der Patient sein Primat der Selbstbestimmung.

Anhang

Checklisten

• •

WENN SIE EINEN BEHANDLUNGSFEHLER VERMUTEN

1. Sprechen Sie mit dem behandelnden Arzt oder Ihrem Hausarzt, wenn Sie sich fehlerhaft behandelt fühlen.
2. Schreiben Sie ein Gedächtnisprotokoll.
3. Lassen Sie Ihren Behandlungsverlauf überprüfen.
4. Vermeiden Sie strafrechtliche Schritte.
5. Lassen Sie sich spätestens nach Vorlage eines Gutachtens anwaltlich beraten. Es gibt genügend Möglichkeiten, ein Verfahren zu finanzieren.
6. Lassen Sie sich nicht zu viel Zeit. Arzthaftungsrechtliche Ansprüche verjähren drei Jahre nach Kenntnis oder grob fahrlässiger Unkenntnis.
7. Bemühen Sie sich um eine außergerichtliche Einigung.
8. Wenn es nicht anders geht, lassen Sie Klage erheben.

• •

• •

WAS SIE TUN KÖNNEN, UM DIE GEAFAHR VON BEHAND-LUNGSFEHLERN ZU REDUZIEREN

1. Fordern Sie das Gespräch mit Ihrem Arzt ein. Sie sind sein Partner.
2. Fragen Sie, ob es eine Alternative zu der geplanten Behandlung gibt.
3. Lassen Sie sich in Ihrer Entscheidung nicht unter Zeitdruck setzen! Sie haben fast immer Zeit.
4. Sprechen Sie mit Ihren Angehörigen und Freunden über den Eingriff. Im Gespräch werden viele Dinge klarer, offene Fragen treten zutage.
5. Holen Sie sich bei Zweifeln eine Zweitmeinung ein.
6. Erkundigen Sie sich bei Ihrer Krankenkasse, bei der Unabhängigen Patientenberatung oder im Internet über die Einrichtung, die Sie aufsuchen sollen.

7. Vermeiden Sie es, in kleinen Praxen ambulant operative Eingriffe durchführen zu lassen.
8. Wenn Sie ein schlechtes Gefühl haben, vertrauen Sie sich und gehen. Der Patient hat die freie Arztwahl.
9. Verweigern Sie die Entlassung, wenn es Ihnen noch nicht gut geht.
10. Achten Sie darauf, dass die häusliche, medikamentöse und hausärztliche Versorgung nach Ihrer Entlassung gewährleistet ist.
11. Lassen Sie sich immer erklären, was Sie selbst tun können und müssen, um den Behandlungsverlauf zu unterstützen.

Paragrafen zum Patientenrechtegesetz

Im Rahmen des Patientenrechtegesetzes sind folgende relevante Paragrafen in das BGB eingefügt worden:

§ 630a
Vertragstypische Pflichten beim Behandlungsvertrag
(1) Durch den Behandlungsvertrag wird derjenige, welcher die medizinische Behandlung eines Patienten zusagt (Behandelnder), zur Leistung der versprochenen Behandlung, der andere Teil (Patient) zur Gewährung der vereinbarten Vergütung verpflichtet, soweit nicht ein Dritter zur Zahlung verpflichtet ist.
(2) Die Behandlung hat nach den zum Zeitpunkt der Behandlung bestehenden, allgemein anerkannten fachlichen Standards zu erfolgen, soweit nicht etwas anderes vereinbart ist.

§ 630b
Anwendbare Vorschriften
Auf das Behandlungsverhältnis sind die Vorschriften über das Dienstverhältnis, das kein Arbeitsverhältnis im Sinne des § 622 ist, anzuwenden, soweit nicht in diesem Untertitel etwas anderes bestimmt ist.

§ 630c
Mitwirkung der Vertragsparteien; Informationspflichten
(1) Behandelnder und Patient sollen zur Durchführung der Behandlung zusammenwirken.

(2) Der Behandelnde ist verpflichtet, dem Patienten in verständlicher Weise zu Beginn der Behandlung und, soweit erforderlich, in deren Verlauf sämtliche für die Behandlung wesentlichen Umstände zu erläutern, insbesondere die Diagnose, die voraussichtliche gesundheitliche Entwicklung, die Therapie und die zu und nach der Therapie zu ergreifenden Maßnahmen. Sind für den Behandelnden Umstände erkennbar, die die Annahme eines Behandlungsfehlers begründen, hat er den Patienten über diese auf Nachfrage oder zur Abwendung gesundheitlicher Gefahren zu informieren. Ist dem Behandelnden oder einem seiner in § 52 Absatz 1 der Strafprozessordnung bezeichneten Angehörigen ein Behandlungsfehler unterlaufen, darf die Information nach Satz 2 zu Beweiszwecken in einem gegen den Behandelnden oder gegen seinen Angehörigen geführten Straf- oder Bußgeldverfahren nur mit Zustimmung des Behandelnden verwendet werden.

(3) Weiß der Behandelnde, dass eine vollständige Übernahme der Behandlungskosten durch einen Dritten nicht gesichert ist oder ergeben sich nach den Umständen hierfür hinreichende Anhaltspunkte, muss er den Patienten vor Beginn der Behandlung über die voraussichtlichen Kosten der Behandlung in Textform informieren. Weitergehende Formanforderungen aus anderen Vorschriften bleiben unberührt.

(4) Der Information des Patienten bedarf es nicht, soweit diese ausnahmsweise aufgrund besonderer Umstände entbehrlich ist, insbesondere wenn die Behandlung unaufschiebbar ist oder der Patient auf die Information ausdrücklich verzichtet hat.

§ 630d
Einwilligung

(1) Vor Durchführung einer medizinischen Maßnahme, insbesondere eines Eingriffs in den Körper oder die Gesundheit, ist der Behandelnde verpflichtet, die Einwilligung des Patienten einzuholen. Ist der Patient einwilligungsunfähig, ist die Einwilligung eines hierzu Berechtigten einzuholen, soweit nicht eine Patientenverfügung nach § 1901a Absatz 1 Satz 1 die Maßnahme gestattet oder untersagt. Weitergehende Anforderungen an die Einwilligung aus anderen Vorschriften bleiben unberührt. Kann eine Einwilligung für eine unaufschiebbare Maßnahme nicht rechtzeitig eingeholt werden, darf sie ohne Einwilligung durchgeführt werden, wenn sie dem mutmaßlichen Willen des Patienten entspricht.

(2) Die Wirksamkeit der Einwilligung setzt voraus, dass der Patient oder im Falle des Absatzes 1 Satz 2 der zur Einwilligung Berechtigte vor der Einwilligung nach Maßgabe von § 630e Absatz 1 bis 4 aufgeklärt worden ist.

(3) Die Einwilligung kann jederzeit und ohne Angabe von Gründen formlos widerrufen werden.

§ 630e
Aufklärungspflichten

(1) Der Behandelnde ist verpflichtet, den Patienten über sämtliche für die Einwilligung wesentlichen Umstände aufzuklären. Dazu gehören insbesondere Art, Umfang, Durchführung, zu erwartende Folgen und Risiken der Maßnahme sowie ihre Notwendigkeit, Dringlichkeit, Eignung und Erfolgsaussichten im Hinblick auf die Diagnose oder die Therapie. Bei der Aufklärung ist auch auf Alternativen zur Maßnahme hinzuweisen, wenn mehrere medizinisch gleichermaßen indizierte und übliche Methoden zu wesentlich unterschiedlichen Belastungen, Risiken oder Heilungschancen führen können.

(2) Die Aufklärung muss

1. mündlich durch den Behandelnden oder durch eine Person erfolgen, die über die zur Durchführung der Maßnahme notwendige Ausbildung verfügt; ergänzend kann auch auf Unterlagen Bezug genommen werden, die der Patient in Textform erhält,

2. so rechtzeitig erfolgen, dass der Patient seine Entscheidung über die Einwilligung wohlüberlegt treffen kann,

3. für den Patienten verständlich sein.

Dem Patienten sind Abschriften von Unterlagen, die er im Zusammenhang mit der Aufklärung oder Einwilligung unterzeichnet hat, auszuhändigen.

(3) Der Aufklärung des Patienten bedarf es nicht, soweit diese ausnahmsweise aufgrund besonderer Umstände entbehrlich ist, insbesondere wenn die Maßnahme unaufschiebbar ist oder der Patient auf die Aufklärung ausdrücklich verzichtet hat.

(4) Ist nach § 630d Absatz 1 Satz 2 die Einwilligung eines hierzu Berechtigten einzuholen, ist dieser nach Maßgabe der Absätze 1 bis 3 aufzuklären.

(5) Im Fall des § 630d Absatz 1 Satz 2 sind die wesentlichen Umstände nach Absatz 1 auch dem Patienten entsprechend seinem Verständnis zu erläutern, soweit

dieser auf Grund seines Entwicklungsstandes und seiner Verständnismöglichkeiten in der Lage ist, die Erläuterung aufzunehmen, und soweit dies seinem Wohl nicht zuwider läuft. Absatz 3 gilt entsprechend.

§ 630f
Dokumentation der Behandlung

(1) Der Behandelnde ist verpflichtet, zum Zweck der Dokumentation in unmittelbarem zeitlichen Zusammenhang mit der Behandlung eine Patientenakte in Papierform oder elektronisch zu führen. Berichtigungen und Änderungen von Eintragungen in der Patientenakte sind nur zulässig, wenn neben dem ursprünglichen Inhalt erkennbar bleibt, wann sie vorgenommen worden sind. Dies ist auch für elektronisch geführte Patientenakten sicherzustellen.

(2) Der Behandelnde ist verpflichtet, in der Patientenakte sämtliche aus fachlicher Sicht für die derzeitige und künftige Behandlung wesentlichen Maßnahmen und deren Ergebnisse aufzuzeichnen, insbesondere die Anamnese, Diagnosen, Untersuchungen, Untersuchungsergebnisse, Befunde, Therapien und ihre Wirkungen, Eingriffe und ihre Wirkungen, Einwilligungen und Aufklärungen. Arztbriefe sind in die Patientenakte aufzunehmen.

(3) Der Behandelnde hat die Patientenakte für die Dauer von zehn Jahren nach Abschluss der Behandlung aufzubewahren, soweit nicht nach anderen Vorschriften andere Aufbewahrungsfristen bestehen.

§ 630g
Einsichtnahme in die Patientenakte

(1) Dem Patienten ist auf Verlangen unverzüglich Einsicht in die vollständige, ihn betreffende Patientenakte zu gewähren, soweit der Einsichtnahme nicht erhebliche therapeutische Gründe oder sonstige erhebliche Rechte Dritter entgegenstehen. Die Ablehnung der Einsichtnahme ist zu begründen. § 811 ist entsprechend anzuwenden.

(2) Der Patient kann auch elektronische Abschriften von der Patientenakte verlangen. Er hat dem Behandelnden die entstandenen Kosten zu erstatten.

(3) Im Fall des Todes des Patienten stehen die Rechte aus den Absätzen 1 und 2 zur Wahrnehmung der vermögensrechtlichen Interessen seinen Erben zu. Gleiches gilt für die nächsten Angehörigen des Patienten, soweit sie immaterielle Interessen geltend machen. Die Rechte sind ausgeschlossen, soweit der Einsicht-

nahme der ausdrückliche oder mutmaßliche Wille des Patienten entgegensteht.

§ 630h
Beweislast bei Haftung für Behandlungs- und Aufklärungsfehler

(1) Ein Fehler des Behandelnden wird vermutet, wenn sich ein allgemeines Behandlungsrisiko verwirklicht hat, das für den Behandelnden voll beherrschbar war und das zur Verletzung des Lebens, des Körpers oder der Gesundheit des Patienten geführt hat.

(2) Der Behandelnde hat zu beweisen, dass er eine Einwilligung gemäß § 630d eingeholt und entsprechend den Anforderungen des § 630e aufgeklärt hat. Genügt die Aufklärung nicht den Anforderungen des § 630e, kann der Behandelnde sich darauf berufen, dass der Patient auch im Fall einer ordnungsgemäßen Aufklärung in die Maßnahme eingewilligt hätte.

(3) Hat der Behandelnde eine medizinisch gebotene wesentliche Maßnahme und ihr Ergebnis entgegen § 630f Absatz 1 oder Absatz 2 nicht in der Patientenakte aufgezeichnet oder hat er die Patientenakte entgegen § 630f Absatz 3 nicht aufbewahrt, wird vermutet, dass er diese Maßnahme nicht getroffen hat.

(4) War ein Behandelnder für die von ihm vorgenommene Behandlung nicht befähigt, wird vermutet, dass die mangelnde Befähigung für den Eintritt der Verletzung des Lebens, des Körpers oder der Gesundheit ursächlich war.

(5) Liegt ein grober Behandlungsfehler vor und ist dieser grundsätzlich geeignet, eine Verletzung des Lebens, des Körpers oder der Gesundheit der tatsächlich eingetretenen Art herbeizuführen, wird vermutet, dass der Behandlungsfehler für diese Verletzung ursächlich war. Dies gilt auch dann, wenn es der Behandelnde unterlassen hat, einen medizinisch gebotenen Befund rechtzeitig zu erheben oder zu sichern, soweit der Befund mit hinreichender Wahrscheinlichkeit ein Ergebnis erbracht hätte, das Anlass zu weiteren Maßnahmen gegeben hätte, und wenn das Unterlassen solcher Maßnahmen grob fehlerhaft gewesen wäre.

Wichtige Adressen

Güte- bzw. Schlichtungsstellen

Schlichtungsstelle für Arzthaftpflichtfragen der Norddeutschen Ärztekammern
Hans-Böckler-Allee 3, 30 173 Hannover
Telefon: 0511-3802416
E-Mail: info@schlichtungsstelle.de
Internet: www.schlichtungsstelle.de

Gutachter- und Schlichtungsstelle für ärztliche Behandlungen bei der Landesärztekammer Hessen
Im Vogelsgesang 3, 60488 Frankfurt
Telefon: 069-97672161
Fax: 069-97672-178
E-Mail: gutachterstel-le@laekh.de
Internet: www.laekh.de

Gutachterstelle für Arzthaftungsfragen bei der Bayrischen Landesärztekammer
Mühlbaurstraße 16, 81677 München
Telefon: 089-3090483-0
Fax: 089-3090483-728
E-Mail: Gutachterstelle@blaek.de
Internet: www.blaek.de

Gutachterkommission für ärztliche Haftpflichtfragen bei der Ärztekammer Westfalen-Lippe
Gartenstr. 210-214, 48147 Münster
Telefon: 0251-929-0
Fax: 0251-9292399
E-Mail: Gutachterkommission@aekwl.de
Internet: www.aekwl.de

Schlichtungsstelle der Sächsischen Landesärztekammer
Schützenhöhe 16, 01099 Dresden
Telefon: 0351-82671-0
Fax: 0351-8267132
E-Mail: Gutachterstelle@slaek.de
Internet: www.slaek.de

Gutachterkommission für Fragen ärztlicher Haftpflicht bei der Landes-ärztekammer Baden-Württemberg
Jahnstraße 40, 70597 Stuttgart
Telefon: 0711-769810
Fax: 0711-76981-500
E-Mail: info@baek-nw.de
Internet: www.aerztekammer-bw.de

Gutachterkommission für ärztliche Behandlungsfehler bei der Ärztekammer Nordrhein
Tersteegenstraße 9, 40474 Düsseldorf
Telefon: 0211-4302-0
Fax: 0211-43022009
E-Mail: GAK@aekno.de
Internet: www.aekno.de

Gutachterkommission für Fragen ärztlicher Haftpflicht bei der Ärztekammer des Saarlandes
Hafenstr. 25, 66111 Saarbrücken
Telefon: 0681-40030
Fax: 0681-4003340
E-Mail: info-aeks@aeksaar.de
Internet: www.aerztekammer-saarland.de

Schlichtungsausschuss zur Begutachtung ärztlicher Behandlungen bei der Landesärztekammer Rheinland-Pfalz
Deutschhausplatz 3, 55116 Mainz
Telefon: 06131-2882288
E-Mail: kammer@laek-rlp.de
Internet: www.laek-rlp.de

Unabhängige Patientenberatung

Das bundesweite Beratungstelefon* erreichen Sie unter:
0800 0 11 77 22 (Deutsch)
0800 0 11 77 23 (Türkisch)
0800 0 11 77 24 (Russisch)
(*kostenfrei aus dem deutschen Festnetz.)
Es existieren 21 Beratungsstellen, die über das Bundesgebiet verteilt sind.
Näheres unter www.unabhaengige-patientenberatung.de.

Verbraucherzentrale

vertreten in allen Bundesländern mit 200 Beratungsstellen. Information unter www.verbraucherzentrale.de
Kontakt über die jeweilige Verbraucherzentrale.

Stichwortverzeichnis

Stichwortverzeichnis

Weitere Titel

Ludger Bornewasser/Hans-Oskar Jülicher/Bernhard F. Klinger/Andreas Wolff
- **Schenken statt vererben**
  So übertragen Sie Ihr Vermögen steuerschonend und sichern sich fürs Alter ab
  ISBN 978-3-7093-0525-6
  2013, 160 Seiten
  EUR 9,90 (D/A)

Roland Stimpel
- **In 10 Schritten zum Eigenheim**
  Planen, kaufen, bauen: Von der Suche bis zur Finanzierung – Ihr Wegweiser zum eigenen Haus
  ISBN 978-3-7093-0531-7
  2., aktualisierte Auflage 2013, 160 Seiten
  EUR 9,90 (D/A)

Andreas Heiber
- **Die neue Pflegeversicherung**
  ISBN 978-3-7093-0503-4
  2., aktualisierte Auflage 2013, 168 Seiten
  EUR 9,90 (D/A)

Bernhard F. Klinger (Hrsg.)/Florian Enzensberger/Sven Klinger/Barbara Schüller
- **Erbrecht für Frauen**
  Wie Sie optimale Vorsorge für den Erbfall treffen
  ISBN 978-3-7093-0487-7
  2013, 160 Seiten
  EUR 9,90 (D/A)

Andrea Westhoff/Justin Westhoff
- **Pflege daheim oder Pflegeheim?**
Was Sie bei Pflegebedürftigkeit von Angehörigen tun können und wo Sie Unterstützung bekommen
ISBN 978-3-7093-0524-9
2., aktualisierte Auflage 2013, 168 Seiten
EUR 9,90 (D/A)

Ulrich Goetze/Michael Röcken
- **Der Verein**
Gründung – Recht – Finanzen – PR – Sponsoring. Alles, was Sie wissen müssen
ISBN 978-3-7093-0517-1
2., aktualisierte Auflage 2013, 192 Seiten
EUR 9,90 (D/A)

Barbara Kettl-Römer
- **Was macht mein Kind im Netz?**
Der Social-Media-Ratgeber für Eltern
ISBN 978-3-7093-0480-8
2012, 160 Seiten
EUR 9,90 (D/A)

Bernhard F. Klinger (Hrsg.)/Klaus Becker/Stephan Konrad/
Wolfgang Roth/Johannes Schulte
- **Der letzte Weg**
Tod – Begräbnis – Erbe. Alle notwendigen Maßnahmen für den Todesfall
ISBN 978-3-7093-0479-2
2012, 168 Seiten
EUR 9,90 (D/A)

Bernhard F. Klinger (Hrsg.)/Armin Abele/Klaus Becker/Thomas Maulbetsch/Wolfgang Roth
- **Der Vorsorgeplaner**
Wie Sie durch Vollmachten, Verfügungen und Testamente für den Krankheits-, Pflege- und Erbfall vorsorgen
ISBN 978-3-7093-0356-6
2011, 192 Seiten
EUR 9,90 (D/A)

Andreas Lutz/Monika Schuch
- **Existenzgründung**
Was Sie wirklich wissen müssen. Die 50 wichtigsten Fragen und Antworten
ISBN 978-3-7093-0351-1
2011, 208 Seiten
EUR 14,90 (D/A)

Stephan Konrad/Franz Kopinski
- **Wohnungseigentum – Ihre Rechte und Pflichten.**
Erwerb – Verwaltung – Vermietung
ISBN 978-3-7093-0355-9
2011, 168 Seiten
EUR 9,90 (D/A)

Ludger Bornewasser/Bernhard F. Klinger
- **Der Streit ums Erbe**
Wie Sie Ihre Interessen wahren und Konflikte vermeiden. Spannende Fälle aus der Praxis zeigen, worauf es ankommt.
ISBN 978-3-7093-0328-3
2011, 160 Seiten
EUR 9,90 (D/A)

Bernhard F. Klinger (Hrsg.)/Florian Enzensberger/Thomas Maulbetsch/
Joachim Müller/Wolfgang Roth
- **Betreuung von Angehörigen**
  Bestellung – Aufgaben, Rechte und Pflichten – Kosten – Haftung.
  Antworten auf alle wesentlichen Fragen zum Betreuungsrecht
  ISBN 978-3-7093-0338-2
  2011, 160 Seiten
  EUR 9,90 (D/A)

Stefanie Kubosch/Julia Kleine/Annette Eicker
- **Gekündigt – was tun?**
  Von Abfindung bis Zeugnis: Ihre Rechte – Ihre Chancen. Wie Sie wieder
  Mut fassen und beruflich neu durchstarten.
  ISBN 978-3-7093-0337-5
  2011, 152 Seiten
  EUR 9,90 (D/A)

Rudolf Stumberger
- **Hartz IV**
  Das aktuelle Gesetz mit den neuen Regelungen. Mit verständlichen
  Erklärungen zum Ausfüllen des Antrages.
  ISBN 978-3-7093-0331-3
  5., aktualisierte Auflage 2011, 152 Seiten
  EUR 9,90 (D/A)

Astrid Congiu-Wehle/Agnes Fischl
- **Der Ehevertrag**
  Wie Sie Vorsorge für Ehe, Trennung und Scheidung treffen
  ISBN 978-3-7093-0304-7
  2010, 160 Seiten
  EUR 9,90 (D)/EUR 10,20 (A)

Joachim Mohr/Frank Lechner
- **Alleinerziehend – das sind Ihre Rechte**
  ISBN 978-3-7093-0259-0
  2010, 160 Seiten
  EUR 9,90 (D)/EUR 10,20 (A)

Gordian Philipps/Susanne Lebek
- **Erfolgreich durchs Assessment-Center**
  ISBN 978-3-7093-0321-4
  2010, 184 Seiten
  EUR 14,90 (D)/EUR 15,40 (A)

Andrea Westhoff/Justin Westhoff
- **Ihre Rechte als Kassenpatient**
  Wie Sie auch als gesetzlich Versicherter von Ärzten und Kassen
  bekommen, was Ihnen zusteht
  ISBN 978-3-7093-0295-8
  2010, 160 Seiten
  EUR 9,90 (D)/EUR 10,20 (A)

Bernhard F. Klinger (Hrsg.)/Sven Klinger/Joachim Mohr/
Wolfgang Roth/Johannes Schulte
- **Patientenverfügung und Vorsorgevollmacht**
  Was Ärzte und Bevollmächtigte für Sie in einem Notfall tun sollten.
  Was die Neuregelung für Sie konkret bedeutet.
  ISBN 978-3-7093-0289-7
  2., aktualisierte Auflage 2009, 144 Seiten
  EUR 9,90 (D)/EUR 10,20 (A)

Bernhard F. Klinger
- **Das Testament**
  Konkrete Anleitungen für alle Lebensmodelle – vom Single bis zur
  Patchwork-Familie. Wie Sie Streit vermeiden und Steuern sparen.
  ISBN 978-3-70930264-4
  2009, 168 Seiten
  EUR 9,90 (D)/EUR 10,20 (A)

Michael Schröder
- **Scheidung – aber fair**
Sorgerecht – Unterhalt – Umgangsrecht . Es geht auch friedlich, wenn die Vernunft siegt.
ISBN 978-3-7093-0272-9
2., aktualisierte Auflage 2009, 176 Seiten
EUR 9,90 (D)/EUR 10,20 (A)

Eva Schmitz-Gümbel/Karin Wistuba
- **Erfolgreich zum Traumjob**
Coaching zur Berufswahl für Eltern und Schüler
ISBN 978-3-7093-0213-2
2008, 168 Seiten
EUR 9,90 (D)/EUR 10,20 (A)

Astrid Congiu-Wehle/Joachim Mohr
- **Das neue Unterhaltsrecht**
Wie viel bekomme ich? Wie viel muss ich zahlen?
ISBN 978-3-7093-0229-3
2008, 168 Seiten
EUR 9,90 (D)/EUR 10,20 (A)

Karin Spitra/Ulf Weigelt
- **Ihr Recht als Arbeitnehmer**
Vom Vorstellungsgespräch bis zur Kündigung – was darf der Chef?
ISBN 978-3-7093-0218-7
2008, 192 Seiten
EUR 9,90 (D)/EUR 10,20 (A)

Wolfgang Jüngst/Matthias Nick
- **Arbeiten und Leben im Ausland**
Auswandern oder Überwintern: alle wichtigen Informationen.
Mit 10 Länderkapiteln von Schweiz bis USA.
ISBN 978-3-7093-0214-9
EUR 9,90 (D)/EUR 10,20 (A)

Tibet Neusel/Sigrid Beyer/Kathrin Arrocha
- **Immobilienkauf**
  Haus oder Wohnung – Alles über Finanzierung, Recht und Steuern
  ISBN 978-3-7093-0195-1
  2008, 190 Seiten
  EUR 9,90 (D)/EUR 10,20 (A)

Andrea Erdmann/Andreas Kobschätzky
- **Erfolgreich bewerben**
  Von der systematischen Vorbereitung zum souveränen Bewerbungs-
  gespräch und fairen Arbeitsvertrag
  ISBN 978-3-7093-0187-6
  2008, 176 Seiten
  EUR 9,90 (D)/EUR 10,20 (A)

Wolfgang Jüngst/Matthias Nick
- **Wenn der Nachbar nervt**
  Rechte und Pflichten in der Nachbarschaft
  ISBN 978-3-7093-0174-6
  2007, 160 Seiten
  EUR 9,90 (D)/EUR 10,20 (A)

Inken Wanzek/Christine Rosenboom
- **Arbeitsplatz in Gefahr – Das sind Ihre Rechte**
  Kündigung – Beschäftigungsgesellschaft – Aufhebungsvertrag –
  Mobbing – Trennungsgespräche
  ISBN 978-3-7093-0152-4
  2007, 240 Seiten
  EUR 14,90 (D)/EUR 15,40 (A)

Alle Titel sind auch als E-Book erhältlich!